예배를 위한 전주곡

•반주자용•

score

머리말

〈예배를 위한 전주곡〉은 예배가 시작되기 전 오롯이 건반 반주자에게 맡겨지는 시간에 효과적으로 찬송가를 연주할 수 있도록 편곡된 책입니다.

- 찬송가를 연주하고 싶지만 어떻게 연주해야 할지 모르겠다.
- 찬송가의 클래식함은 유지하되, 새롭게 연주하고 싶다.
- 한 음 한 음 소중하게 아름다운 연주를 하고 싶다.
- 음악과 연주를 통해 회중의 예배를 돕고 싶다.

이러한 마음을 가진 분들께 이 책을 추천해드립니다.

일반적인 연주는 음악, 연주, 그 행위 자체가 목적이지만, 찬양을 연주하는 것은 '하나님이 주신 음악'이라는 선물을 수단으로 하여 예배의 목적을 가지는 것으로서 궁극적인 목적이 다릅니다. 그러므로 찬양을 연주할 때에는 말씀과 묵상을 통해 준비하고, 한 음이라도 의미 있게 연주하는 것을 권합니다. 더불어 찬송의 배경, 중심이 되는 말씀, 찬송의 가사가 찬양을 빚어가는 중요한 요소임을 기억하고 묵상하는 것을 중요하게 여기길 바랍니다.

저자 문하은

차례

Beginner

너 예수께 조용히 나가 찬539 6

웬말인가 날 위하여 찬143 12

주 예수보다 더 귀한 것은 없네 찬94 18

오 신실하신 주 찬393 24

복의 근원 강림하사 찬28 30

Intermediate

거룩 거룩 거룩 전능하신 주님 찬8 38

주 음성 외에는 찬446 44

참 아름다워라 찬478 50

십자가로 가까이 찬439 56

주의 음성을 내가 들으니 찬540 62

구주 예수 의지함이 찬542 67

Advanced

내 구주 예수를 더욱 사랑 찬314 74

내 평생에 가는 길 찬413 80

내 주를 가까이 하게 함은 찬338 86

시온의 영광이 빛나는 아침 찬550 93

Beginner

찬539

모범 연주 QR코드

너 예수께 조용히 나가
Go, Carry Thy Burden To Jesus

곡 제목과 가사처럼 조용함과 쏟아냄을 표현하고자 하였습니다.
전체적으로 소담스러운 변화를 주며 조용한 분위기가 유지되고
화성적, 선율적 연주가 더해져 절제된 구성이지만 풍부한 표현으로 음표들을 쏟아 놓았습니다.

Calmly ♩=70

W. J Kirkpatrick 곡

'수고하고 무거운 짐 진 자들아 다 내게로 오라 내가 너희를 쉬게 하리라 (마 11:28)'

이 곡을 작사한 엘리자 히윗(Eliza Edmunds Hewitt, 1851~1920)은 성인이 된지 얼마 되지 않아 척추의 장애로 사회생활과 단절된 시간을 보내게 되었다. 회복기간 동안 교육의 필요성을 느껴 시를 쓰기 시작했고 주일학교 교사로 열심히 섬기기 시작했다. 이 찬송은 그녀가 사회와 격리되었을 때의 아픔이 깊게 묻어나는 곡이다. 또한 아픔을 통하여 빚으시고 사용하시는 하나님의 손길을 그녀의 삶을 통하여 볼 수 있음도 이 찬송이 주는 소망이기도 하다.

이 곡은 히윗의 가사에 커크패트릭(William James Kirkpatrick, 1838~1921)의 곡조가 만나 최종적으로 완성되었다. 이 찬송의 곡명(Tune Name)은 후렴 구절 가사를 인용하여 'O Steal Away'로 붙여졌다. 한국어로 번역하면 '살그머니 갖다 두라'이다. 말로 뱉어내는 것, 입으로 담아내기도 힘든 상황에서 하나님 앞에 살그머니, 하지만 남김없이 쏟아냈을 때 은혜로 가득 채워주시는 하나님의 성품을 아주 잘 묘사한 가사라고 생각한다.

고통과 슬픔이 짓눌러 아무것도 할 수 없을 것 같을 때, 몸도 마음도 지쳐서 포기하고 싶을 때, 내일이 보이지 않아 불안할 때, 실패의 연속인 삶을 겪으며 마음이 찢어지는 것 같을 때 이 찬양 가사를 묵상하고 찬양하고 기도하며 '살그머니' 하나님 앞에 나아가서 내가 모르는 나의 고통까지 모두 쏟아내고, 다시 한번 구원의 감격과 넘치는 은혜를 경험할 수 있기를 바란다.

* 곡명(Tune Name): 일반적으로 가사가 있는 음악은 가사의 내용에 따라 제목이 정해지고, 가사가 없는 음악은 작곡가의 의도에 따라 제목이 정해지지만 찬송가는 가사가 붙은 곡조 자체에도 이름, 즉 곡명이 존재한다. 그리고 한 곡조에 다양한 가사를 붙여서 여러 곡으로 부르기도 하고, 한 가사에 여러 곡조를 붙여서 여러 곡으로 부르기도 한다.

찬143

웬말인가 날 위하여
Alas! And Did My Saviour Bleed

모범 연주 QR코드

인간의 죄 된 모습과 끊임없이 넘어지는 모습을 음계가 순차적으로 상승하는 모티브로 표현하였습니다.
곡의 전반부에서는 모티브가 반복되면서 다시 넘어지는 인간의 모습을 묘사하고 있습니다.
이러한 모티브는 선율적으로 발전되어 하나님의 구원의 은혜로 인해 다시 태어나고 살아갈 수 있는 인간의 모습을 묘사합니다.

H. Wilson 곡 / R. Smith 편곡

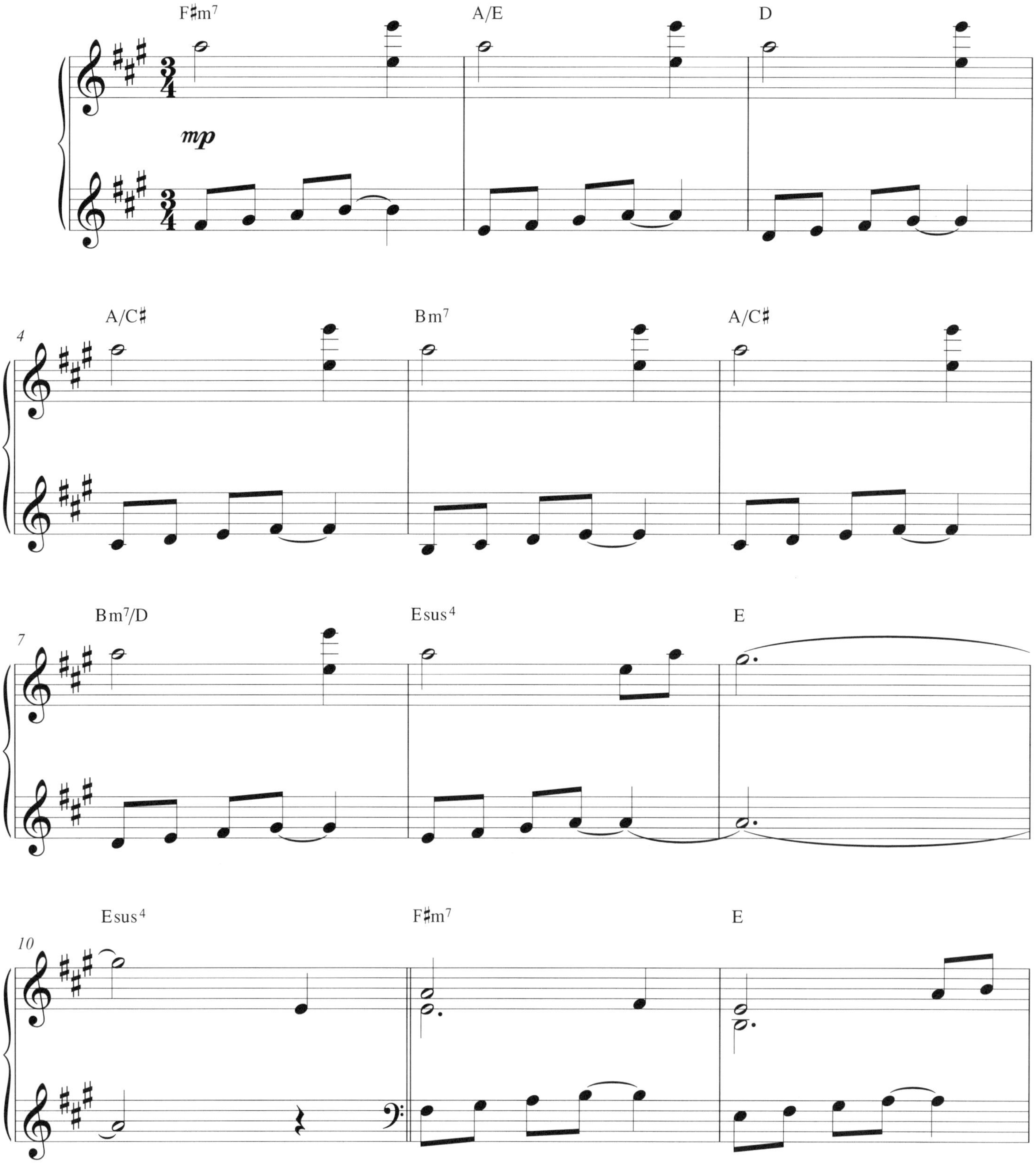

> '내 영혼을 아버지 손에 부탁하나이다 하고
> 이 말씀을 하신 후 숨지시니라 [눅 23:46]'

이 찬송가 곡조의 원곡은 4분의 4박자의 스코틀랜드 민요 〈커크코넬의 헬렌(Helen of Kirkconnel)〉이다. 1800년경 스코틀랜드의 음악교사였던 휴윌슨(Hugh Wilson, 1726~1824)이 시편가(Psalmody)를 교육할 목적으로 편곡하여 '순교'라는 뜻의 곡명 〈Martyrdom〉을 붙였다. 현재와 같은 화성과 4분의 3박자 형태의 찬송곡은 1825년에 로버트 스미스(Robert Archibald Smith, 1780~1829)가 〈Old Scottish Melody〉라는 이름으로 편곡하여 발표한 것이다.

이 찬송가의 가사는 '영국 찬송가의 아버지'로 불리는 아이작 왓츠(Isaac Watts, 1674~1748) 목사의 시로, 그의 대표적인 고난 찬송이다. 그가 살던 17세기 당시의 음악과 운(Rhyme)이 결여된 시편에 아쉬움을 느껴 찬송을 만들기 시작하였다. 그는 복음을 주제로 한 시편을 만들었는데 많은 성도가 그의 찬송을 부르며 은혜를 받았다. 그렇게 그의 찬송은 영국 찬송가의 시초가 되었다.

어느 날 그는 자신의 내면에서 끓어오르는 죄와 그것을 어찌하지 못하는 자신의 모습을 보며 자신이 벌레 같은, 어쩌면 벌레만도 못한 존재라는 것을 뼈저리게 느끼게 되었다. 그리고 이런 죄 덩어리인 우리를 위해 십자가에 못 박히신 예수님을 생각하며 눈물의 시를 쓰기 시작하였다. 그의 비통하고 감사한 마음을 시로 옮긴 것이 바로 이 찬송 〈웬말인가 날 위하여〉이다.

이 찬송의 가사를 통해 그는 하나님 앞에서 벌레 같은 존재인 우리의 모습을 철저하게 깨닫고 회개할 것을 요구한다. 우리는 용서 받을 자격이 없는 죄 된 존재이지만, 이러한 우리를 죄에서 꺼내시려 십자가에 피 흘려 돌아가시고 부활하신 예수님의 피를 힘입어 죄에서 끊어지고 구원으로 다시 태어나는 존재이다. 죄 된 인간의 본성과 하나님의 값없는 은혜, 예수님의 피 흘리심을 기억하고 깊이 회개할 때 우리는 매일 하나님 안에서 새로워질 수 있다. 벌레 같은 우리를 나비 같은 존재로 다시 태어나게 해줄 수 있는 분은 오직 하나님 한 분 뿐이기 때문이다.

주 예수보다 더 귀한 것은 없네
I'd Rather Have Jesus

편곡 모티브는 진리이신 하나님을 묘사한 반복되는 4분음표 음형입니다.
이러한 모티브는 선율이 더해지고, 리듬이 더해지며 발전됩니다.
곡의 구성에 따른 분위기의 변화에 귀 기울이며 연주해보길 바랍니다.

G. B. Shea 곡

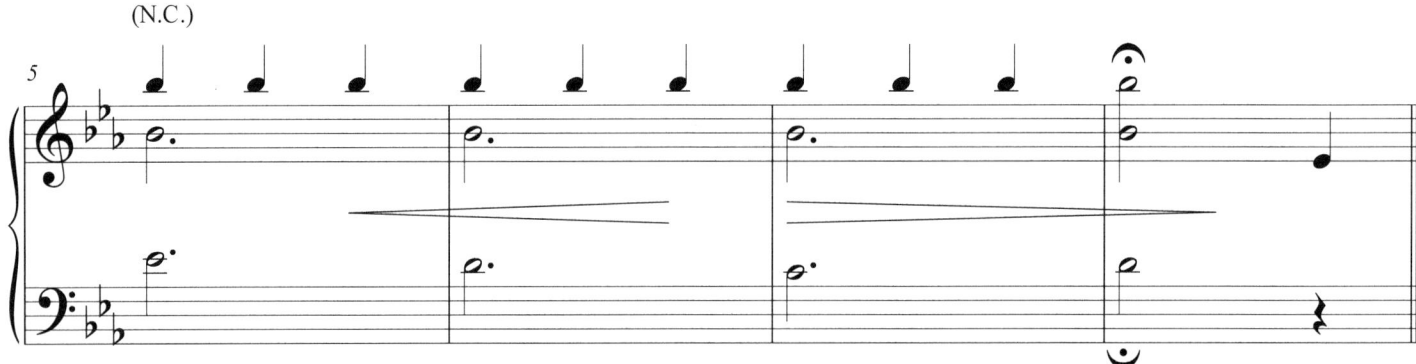
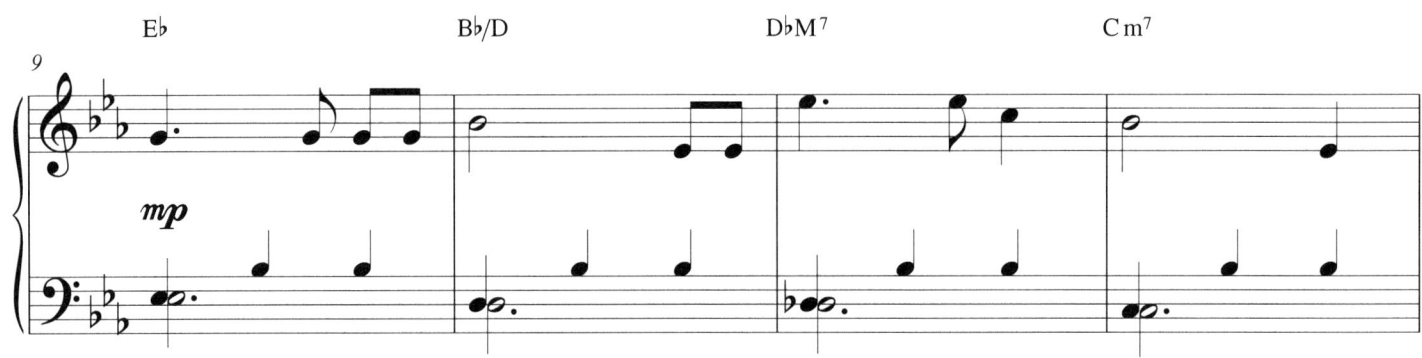

'내가 그를 위하여 모든 것을 잃어버리고
배설물로 여김은… [빌 3:8]'

이 찬송을 작곡한 조지 시어(George Beverly Shea, 1909~2013)는 캐나다 태생으로 오타와 애네슬리 대학을 거쳐 뉴욕의 호튼 대학으로 편입까지 했지만 얼마 지나지 않아 당시 미국에 불어닥친 경제 한파 때문에 결국 학업을 포기하고 보험회사에서 일하게 되었다. 회사에 근무하면서 기독교 방송국과 여러 교회에서 독창자, 성가대원으로 열심히 봉사하였다. 그러던 중 방송국 편성부장인 프레드 알렌(Fred Allen)을 알게 되었고 라디오 프로그램에서 〈가라, 모세〉를 부른 것이 큰 반응을 이끌게 되어 정기적 출연제의를 받게 되며 인생에서 인기와 경제적 성장을 한꺼번에 이룰 수 있는 기회가 찾아오게 되었다.

이 소식을 들은 그의 어머니는 평소 자신이 좋아하던 레아 밀러(Rhea Miller, 1894~1966) 부인의 시 〈주 예수보다 더 귀한 것은 없네〉를 그에게 건네주었는데 그는 자신의 상황에 너무 딱 맞아 떨어지는 시를 읽으며 번민과 고민으로 가득 찼다. 그리고 하나님의 뜻을 구하며 간절히 기도한 그는 세상이 주는 짧고 작은 행복보다 오직 예수님만이 자신의 행복이라는 것을 깊게 깨닫고 밀러 부인의 시에 곡조를 붙였다. 그렇게 〈주 예수보다 더 귀한 것은 없네〉라는 시가 음악을 만나게 되어 이 찬송가가 탄생하게 되었다.

그 이후 그는 하나님이 주신 재능을 오직 하나님의 영광을 위해 사용하기로 결심하고 집회를 통해 이 찬양을 부르고 나누며 모든 영광을 하나님께 돌렸다. 한국전쟁의 아픔이 아물지 않았을 시기에 한국에서 열렸던 빌리 그레이엄 전도 집회에도 그는 내한하여 이 찬송을 함께 불렀고 많은 한국인들에게 위로와 감동을 전해주었다.

이 찬송 가사의 중요한 특징은 'B를 하느니 A를 하겠다(Would Rather A Than B)'라고 표현하는 것이다. 비교구문을 통해 더 가치 있는 한 가지를 선택하도록 한다. 1절은 '세상의 부귀'보다 '예수님'을, 2절은 '세상의 명예'보다 '예수님'을, 그리고 3절은 '세상의 행복'보다 '예수님'을 더 귀하게 여긴다고 고백한다.

찬393장

오 신실하신 주
Great Is Thy Faithfulness

모범 연주 QR코드

편곡의 모티브는 변치 않는 하나님의 신실하신 성품을 묘사한 연속적으로 반복되고 유지되는 음입니다.
이러한 모티브에 묵직한 화성들과 반복되는 패턴들이 더해져서 음악적 발전과 구성을 이룹니다.

Moderato ♩ = 80

W. M. Runyan 곡

'이것들이 아침마다 새로우니
주의 성실하심이 크시도소이다 [애 3:23]'

황폐한 예루살렘을 보며 애통해 하는 예레미야 선지자의 애가 구절을 중심으로 지어진 이 찬송은 토머스 키숌(Thomas Obediah Chisholm, 1866~1960)의 찬송시에 윌리엄 런얀(William Marion Runyan, 1870~1957)의 곡이 만나 탄생했다.

작사가 토머스 키숌은 시골의 가난한 환경에서 태어나 작은 시골학교에서 공부했고, 교사가 되는 것이 꿈이었지만 가난한 환경 때문에 고등 교육을 받을 수가 없었다. 하지만 뛰어난 머리로 독학해 16세에 모교 교사가 되었다. 그러나 몇 년 되지 않아 건강이 악화되어 교직을 그만 둘 수밖에 없었다. 이후 신문 편집자가 된 그는 20대 후반에 헨리 모리슨 박사(Dr. Henry Clay Morrison, 1857~1942)의 부흥집회에서 예수님을 영접하였고, 모리슨 박사의 권유로 『오순절의 사자』의 편집자가 되었다. 후에 목사 안수를 받고 목회를 하였으나, 1년도 채 되지 않아 건강이 악화되었고, 이후에는 보험회사 외판원으로 일하였다. 연약한 육체 때문에 하나님의 일을 더 열심히 할 수 없는 것이 못내 아쉬웠던 어느 날 예레미야애가 3장 22~23절을 읽으며 슬픔 중에 희망을 찾는 예레미야 말씀이 자신의 고백으로 다가왔다. 건강이 악화되어 어떤 일도 제대로 감당할 수 없는 어려움을 겪었지만 그럼에도 늘 신실하게 품어주시고 지켜주시는 하나님을 깊이 느꼈고 말씀을 가사에 진하게 녹여냈다. 그는 이 찬송을 통해 아픔 중에도 소망을 주시는 하나님의 신실함을 찬양하고 어제도, 오늘도, 언제나 영원히 동일하신 하나님을 찬양한다.

이 찬송의 가사처럼 하나님은 늘 우리 곁에서 어제나 오늘이나 한결같이 자비를 베풀어주시는 신실한 하나님이시고, 모든 만물을 통해 하나님의 신실하신 사랑을 나타내시며 우리 죄를 사하시고 인도해주시며 우리에게 오늘의 힘, 내일의 소망이 되시는 분이시다.

복의 근원 강림하사
Come, Thou Fount of Every Blessing

모범 연주 QR코드

곡의 모티브는 복의 근원이신 하나님을 기초와 뼈대로 묘사한 옥타브와,
늘 우리에게 복을 주시는 하나님의 신실하신 성품을 묘사한 반복되는 음형입니다.
이 두 가지의 모티브가 독립적으로 또는 복합적으로 등장하며, 화성의 재료로 재탄생하는 것에 귀를 기울이며 연주하길 바랍니다.

J. Wyeth

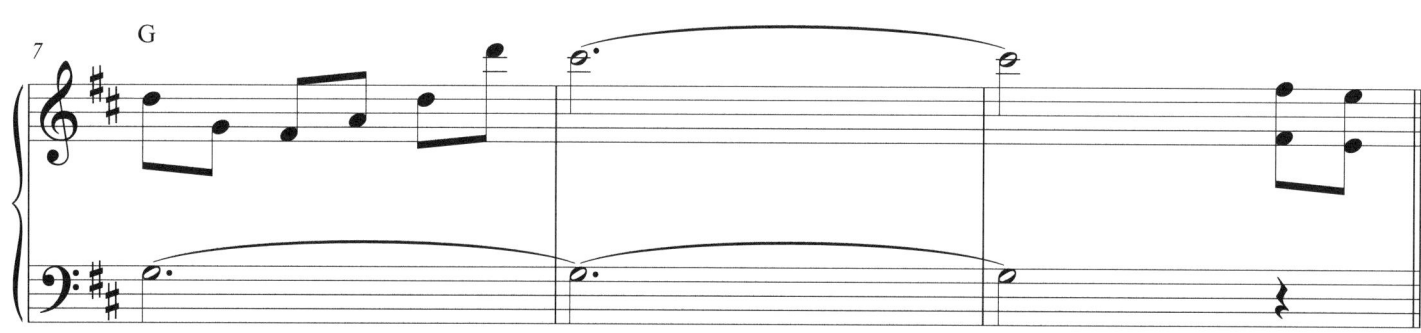
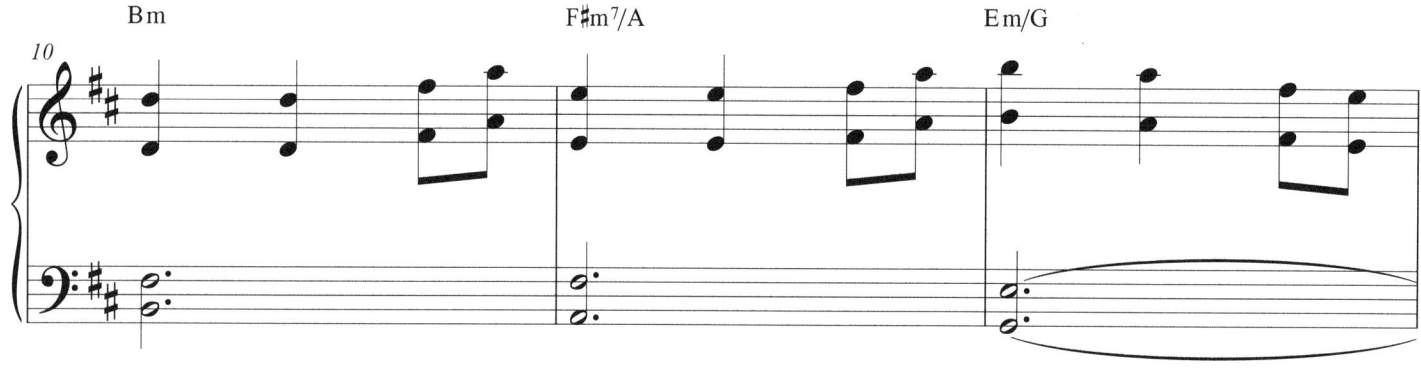

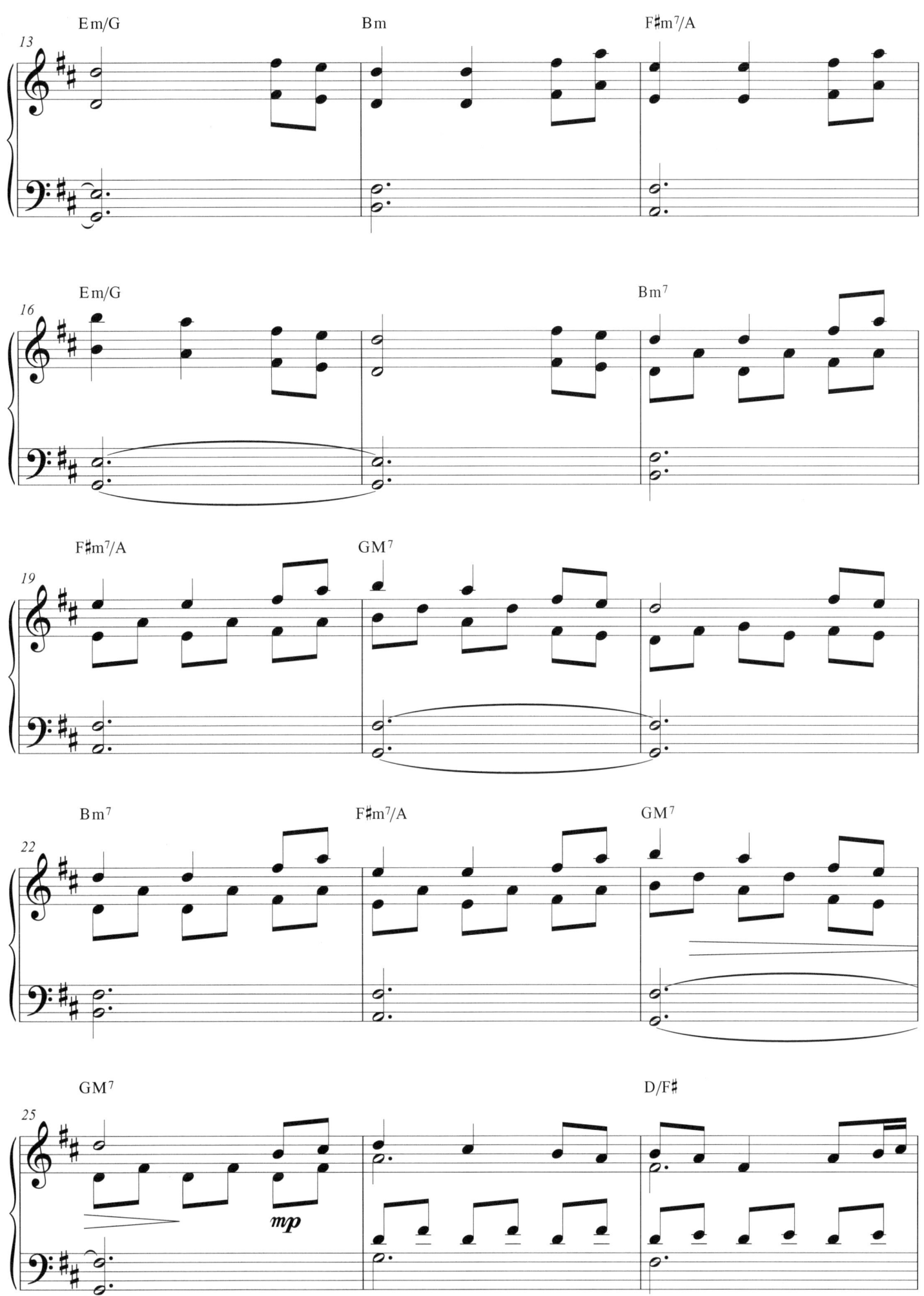

'여호와께서 여기까지 우리를 도우셨다 [삼상 7:12]'

이 찬송을 작사한 로버트 로빈슨(Robert Robinson, 1735~1790)은 불우한 어린 시절을 보냈다. 어렸을 때 아버지를 여의고 방황하며 자랐고, 14세에 홀로 런던으로 가서 이발 기술을 배웠지만 계속 방황했다. 그러던 어느 날 길거리에서 술에 취한 점쟁이를 만나게 되었는데 점쟁이는 수정 구슬을 바라보며 "젊은이, 당신은 손자 손녀를 볼 때까지 오래 살 것이네"라고 말하였다. 지나가는 말이었지만 희망이 없다고 생각하며 살아가던 로빈슨에게는 처음으로 삶과 죽음에 대해 생각해 보는 계기가 되었고, 그날 이후 로빈슨은 '이렇게 살아서는 안되겠다'는 생각과, 그렇다면 어떻게 살아가야 할지 풀리지 않는 고민 속에서 괴로운 나날을 보냈다.

그러던 어느 날, 당시 유명한 부흥사 조지 휫필드(George Whitefield, 1714~1770)의 집회에 참석하게 되었고 '곧 다가올 하나님의 분노'에 대한 설교를 통해 오랜 방황 끝에 회심하게 되었다. 하나님의 말씀을 거부할 수 없었던 로빈슨은 가진 것 하나 없는 볼품없는 자신을 모두 주님께 드리겠노라 다짐하고 한 평생 하나님만을 위해 자신을 바쳐 사역하다가 편안히 주님 품에 잠들기를 간절히 기도했다. 그리고 신학을 공부한 후 노포크(Nofolk) 교회로 파송되었다.

1758년, 성령강림절 설교를 준비하던 로빈슨은 암담했던 뒷골목 이발사의 인생에 베풀어 주신 하나님의 은혜와 모든 복의 근원이 되시는 하나님의 은혜가 물밀듯 밀려왔다. 그때 무릎 꿇고 한없이 쏟아지는 눈물을 닦으며 주님을 갈망하는 마음으로 써내려간 글이 바로 〈복의 근원 강림하사〉이다. 이 찬송은 하나님 자체가 복이심을 선포하고, 복 되신 주님이 우리에게 오실 것을 간청하며 자기의 심령이 주님을 찬양하게 해달라고 간구하고 있다. 찬양도 자기의 힘으로 할 수 있는 것이 아닌 하나님께서 마음을 움직여 주실 때 가능한 것이기 때문이다.

이 찬송의 곡명은 〈Nettleton〉으로 와이어스 존(Wyeth John, 1770~1858)이 작곡한 곡이다.

Intermediate

거룩 거룩 거룩 전능하신 주님
Holy, Holy, Holy! Lord God Almighty

하나님의 거룩하심을 클래식한 대위법적 선율로 풀어낸 이 곡은 처음부터 끝까지 2성으로만 편곡하였습니다.
2개의 선율이 만나 한 곡을 이루는 사운드에 집중하고 연주해보길 바랍니다.

Allegretto ♩ = 100

J. B. Dykes 곡

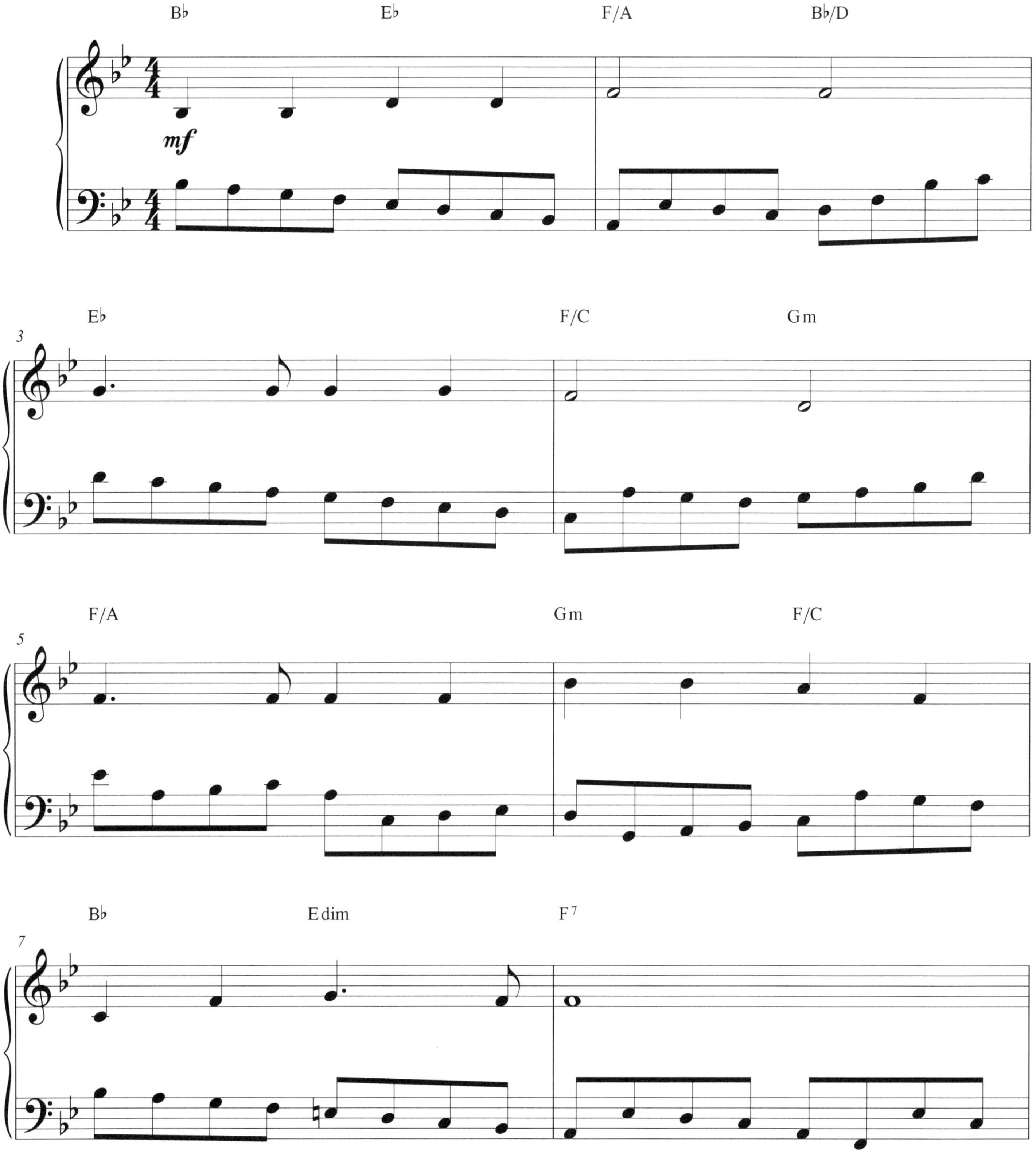

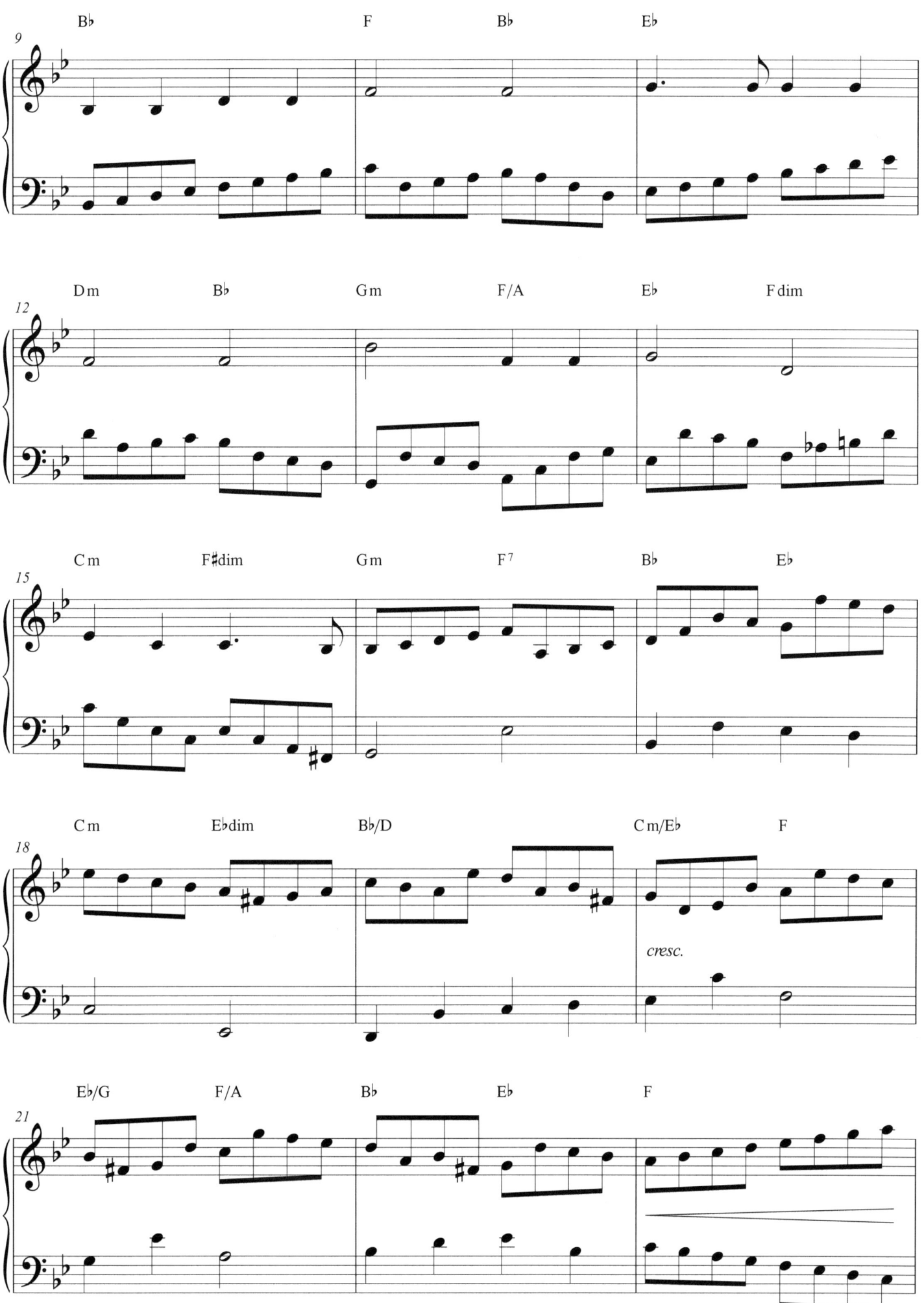

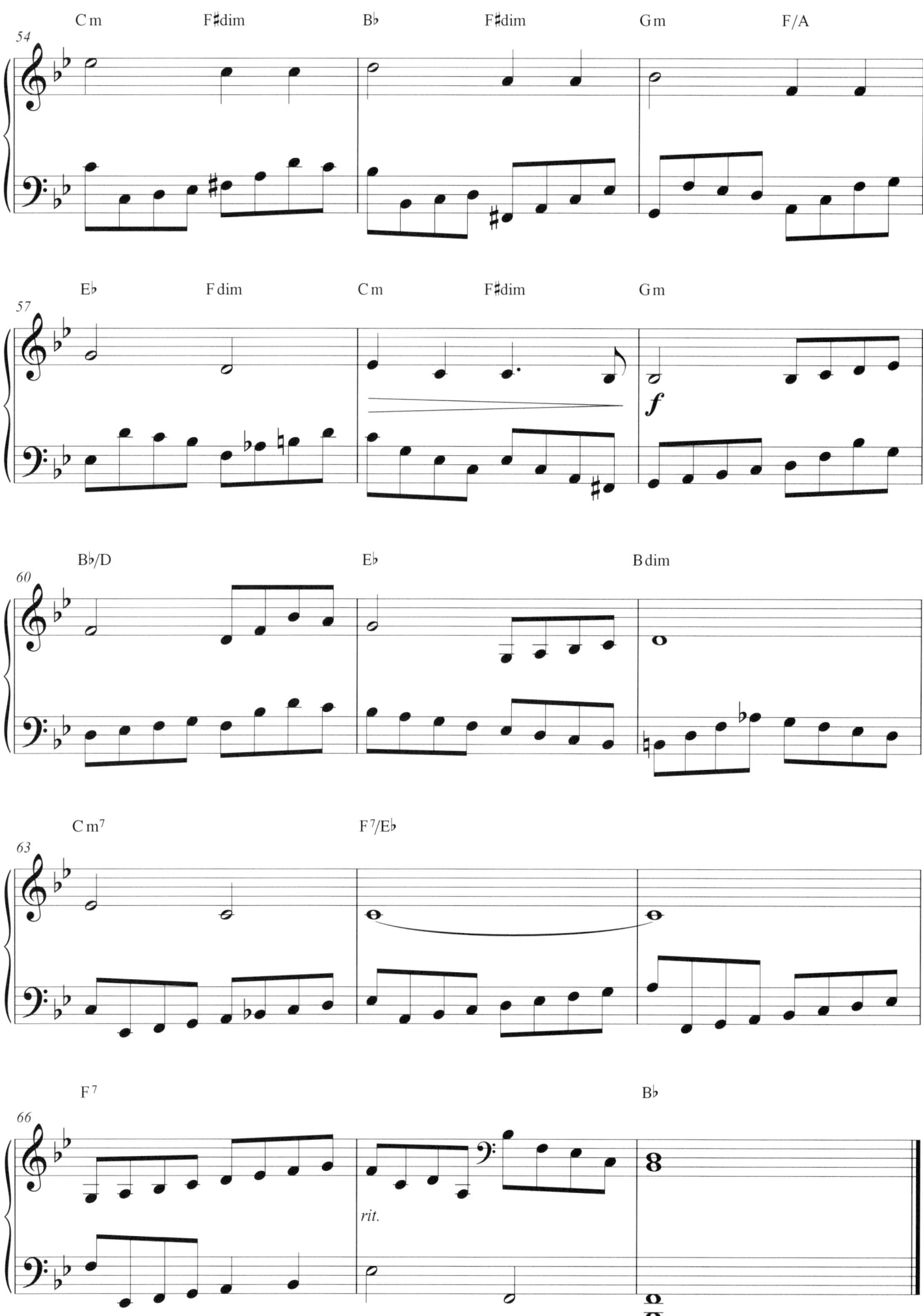

'거룩하다 거룩하다 거룩하다
주 하나님 곧 전능하신 이여 [계 4:8]'

이 곡을 지은 작사가 레지날드 히버(Reginald Heber, 1783~1826)는 영국의 한적한 마을 호드넷을 좋아했다. 넉넉한 경제력을 가졌지만 시골에서 어려운 이웃을 섬기며 작은 교회를 섬기길 원했고, 교회에서 사역하며 자신이 직접 지은 찬송을 특별한 예배가 있을 때마다 교인들과 함께 부르곤 했다. 그러다가 성공회 주교로 취임하게 되었고 부르심에 순종하여 인도로 사역지를 옮기게 되었다. 인도의 환경은 매우 열악하였는데, 수많은 사람이 참석한 예배를 인도한 후 날씨가 너무 더워 물에 들어갔다가 그만 예기치 않은 사고로 익사하고 말았다. 그의 나이 43세였다.

히버가 갑작스럽게 죽은 후 그의 아내는 그의 낡은 가방에서 종이 한 뭉치를 발견하게 되었는데 그것은 그가 예배를 위해 만들어놓은 찬송들이었다. 아내는 이것을 출판사로 보냈고, 런던의 한 출판사에서 그것을 연주하던 중 한 곡을 골라 유명한 작곡가 존 다이크스(John Bacchus Dykes, 1823~1876) 박사에게 곡조를 붙여줄 것을 의뢰했다. 그렇게 탄생한 찬송이 〈거룩 거룩 거룩 전능하신 주님〉이다.

이 곡은 거룩하신 삼위일체 하나님을 찬양하는 곡으로써 가사가 객관적이며 하나님의 속성을 분명히 밝히기 때문에 주일예배에서 많이 불린다. 성부, 성자, 성령으로 일하시는 유일하신 삼위일체 하나님의 속성(거룩하심, 전능하심, 자비로우심, 복 되심, 완전하심, 천지만물의 찬양을 받으시는 분)을 분명하게 밝히며 찬양하고 있다. 그래서 니케아 신조를 채택하여 예수 그리스도의 신성을 부인하는 아리우스주의자들을 이단으로 정의하고, 삼위일체 교리를 공식적으로 확정했던 니케아 공의회의 이름을 따서 〈Nicaea〉라고 곡명을 붙였다.

찬446

주 음성 외에는
I Need Thee Every Hour

모범 연주 QR코드

이 곡의 모티브는 주님의 음성을 묘사한 연속되는 6도 음정입니다.
주님의 음성을 초인종 소리처럼 묘사한 이 모티브는 오른손에서 제시된 후 양손으로 연주되는 6도로 확장됩니다.
마치 마음의 문을 두드리는 초인종처럼 깊고 넓게 퍼져 지속적으로 메아리쳐 울리는 주님의 음성을 담아낸 모티브를 느끼며 연주해보길 바랍니다.

Adagio ♩ = 65

R. Lowry 곡

'나를 떠나서는 너희가 아무 것도 할 수 없음이라 (요 15:5)'

이 찬송의 작사가 애니 혹스(Annie Sherwood Hawks, 1835~1918)는 건강하고 행복한 가정을 지닌 누구보다도 행복한 사람이었다. 세 자녀를 키우며 인생의 황금기를 지내던 어느 날, 가족들을 생각하는 중에 너무 행복하고 감사하는 마음이 솟구쳤다. '만일 내게 하나님이 계시지 않았다면 어땠을까, 하나님이 나와 동행해 주시지 않는다면 나의 슬픔을 누가 온전히 위로해 줄 수 있을까. 나에게 주님은 매일 매시간 필요한 분입니다'라고 고백하게 되었다.

주님의 따뜻한 임재를 깊이 느낀 그는 찬송시를 써 내려가기 시작했다. 이 찬송의 가사가 바로 그때 쓴 찬송시이다. 처음에는 이 가사가 왜 이렇게 가슴을 울리고 떨리게 하는지 알지 못했지만 이 찬송시를 쓰고 16년이 지난 후에 겪은 사랑하는 남편의 죽음은 그녀에게 쓰라린 아픔과 고통을 안겨주었다. 사별 후 어둠의 그림자가 생애에 드리웠을 때 비로소 많은 사람들에게 알리려고 쓴 자신의 아늑한 위로의 찬송가를 통해 자신을 위로하시는 주님의 크신 능력을 비로소 깨달았다. 그 후로 약 30년간 홀로 지내며 죽을 때까지 평안을 찾기 위해 '매 시간 주님이 필요해요'라고 고백했던 자신의 찬송을 마음에 새기며 살아갔다.

'주 음성 외에는 참 기쁨 없도다'라는 고백은 하나님만이 우리의 최고의 기쁨이시며 세상이 우리를 행복하게 할수록 받은 선물 때문에 기뻐하는 것이 아니라 선물을 주시는 하나님을 기뻐해야 하고 영원한 기쁨이자 영원한 생명이신 하나님의 힘을 입을 때 고난 중에도 하나님을 기뻐할 수 있다는 메시지를 담고 있다.

찬478

참 아름다워라

This Is My Father's World

모범 연주 QR코드

이 곡의 모티브는 아름다운 자연의 메아리를 묘사한 패턴입니다.
곡 전반에 걸쳐 등장하는 이 모티브는 반복되는 비슷한 음형을 사용하여 울려 퍼지는 소리를 음표를 통해 표현하였습니다.

Grave ♩= 38

Traditional English Melody / F. L. Sheppard 편곡

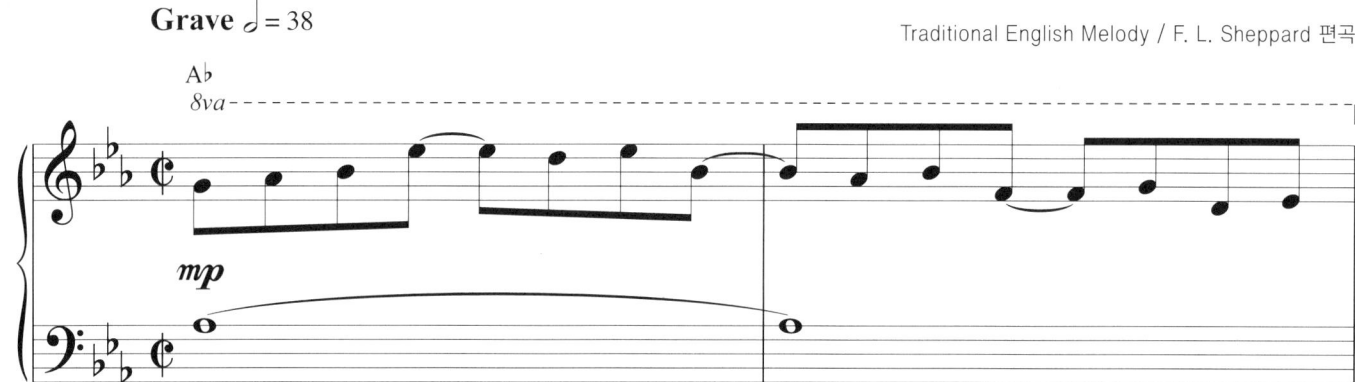

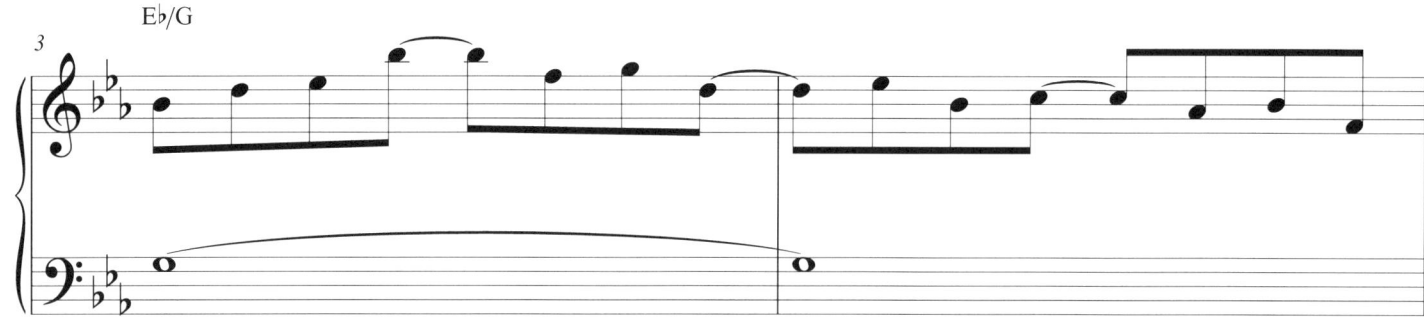

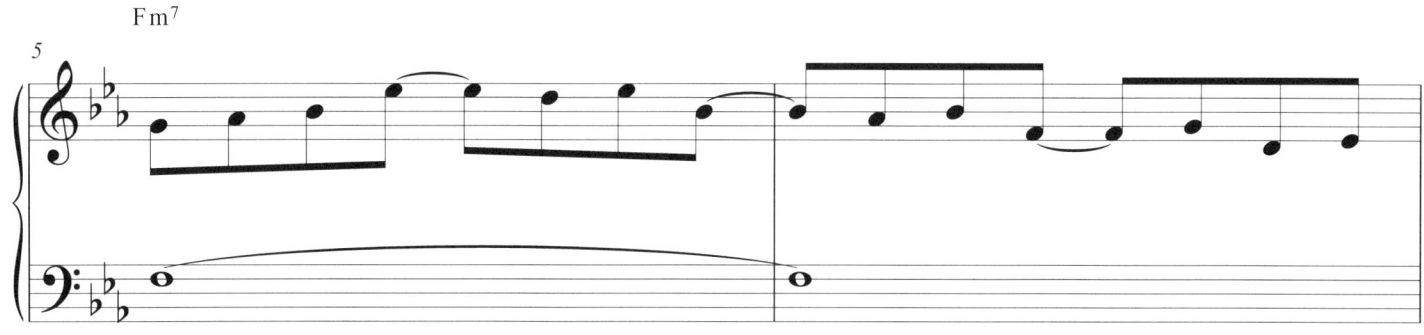

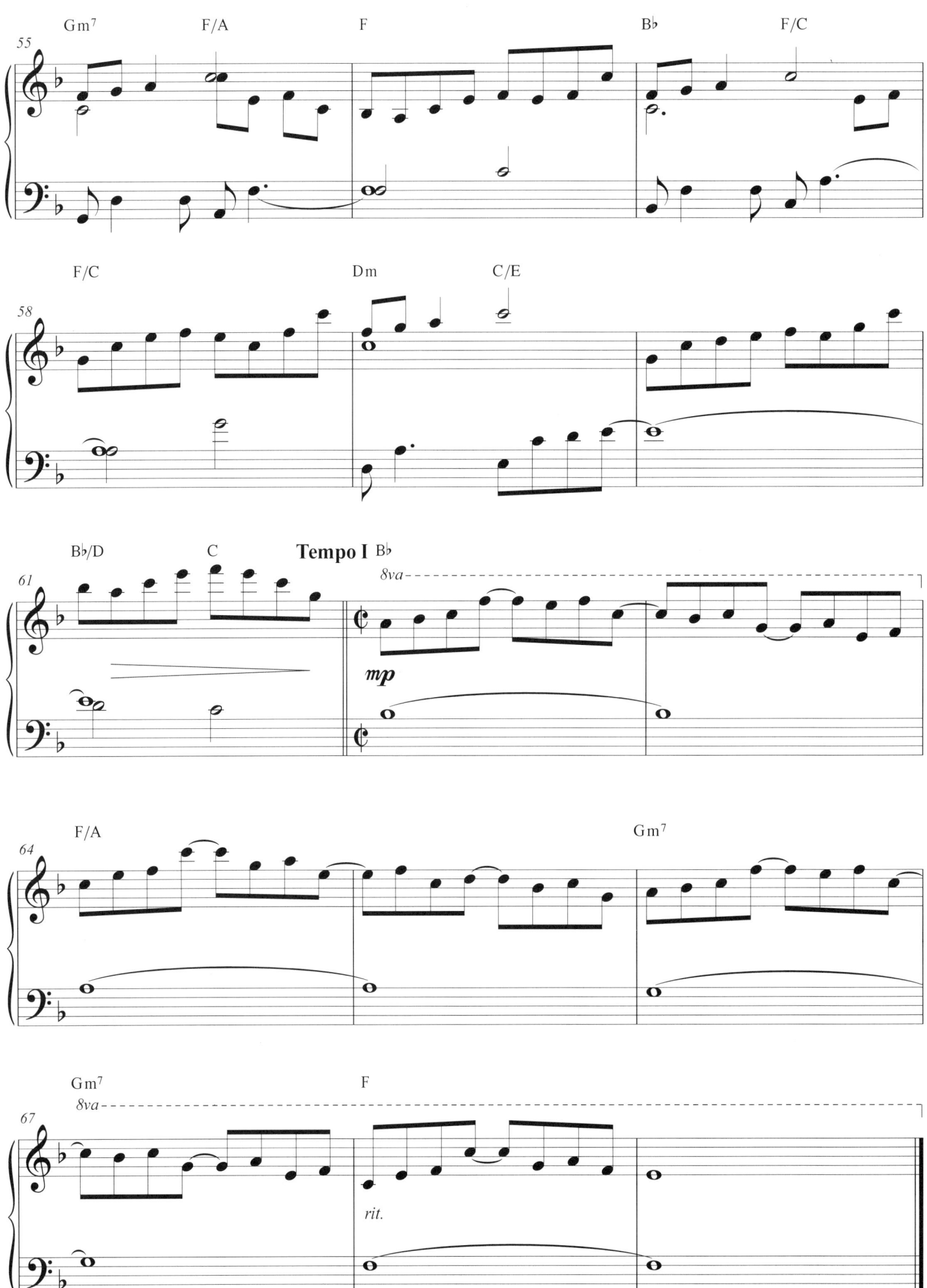

'땅과 거기에 충만한 것과 세계와 그 가운데에 사는 자들은 다 여호와의 것이로다 [시 24:1]'

세계 여러 나라에서 사랑받고 있는 이 찬송은 한국어에는 총 3절로 번역되어 있지만 원곡은 6절이나 되는 긴 찬양이다. 원곡의 제목은 〈This Is My Father's World(이것은 나의 아버지의 세계이다)〉로 하나님이 지으신 이 아름다운 세계를 표현하고 감탄하며 한 땀 한 땀 묘사하고 찬양하는 가사로 이루어져 있다. 마치 오감을 다 사용하여 이 세상 모든 것의 온전한 아름다움을 표현하는 듯한 가사이다.

1절에서는 만물이 하나님을 찬양하는 소리, 나무와 돌, 하늘, 그리고 바다, 그 모든 것을 만드신 하나님의 경이로운 손을 찬양한다. 2절에서는 지저귀며 찬양하는 새들, 아침에 피어오르는 꽃들을 기르시는 하나님의 솜씨와 시냇물, 풀밭을 노래하며, 어디서든지 우리에게 말씀하시는 하나님을 찬양한다. 3절과 4절에서는 모든 것을 통치하시는 하나님과 천국의 빛나는 뜰에서 오신 유일하신 예수 그리스도를 통해 이 땅과 천국은 하나가 될 것이라고 찬양하며, 죽지 않는 사랑의 맹세이신 예수 그리스도를 찬양한다. 5절에서는 하늘에서 군림하시고 온 세상을 기쁘게 하시는 하나님을 찬양하고 천국을 소망한다. 6절에서는 영광을 알게 하신 하나님을 찬양하고 어디에 있든지 화자의 마음은 집(하나님)에 평안히 거한다고 노래한다.

이 찬송의 작사가인 밥코크(Maltbie Davenport Babcock, 1858~1901)는 첫 사역지였던 뉴욕의 락포트에서 목회할 때, 매일 아침 묵상과 기도를 하기 위해 시내에서 가까운 산에 올라 산책을 하곤 했다. 그는 묵상을 위한 산책을 떠날 때마다 가족들에게 이렇게 말했다고 한다. "우리 아버지의 세계를 보러 나갑니다(I'm going out to see My Father's World)." 이 찬송의 첫 가사가 바로 여기서 비롯되었다.

이 찬송가의 원곡은 영국 곡조인데, 프랭클린 셰파드(Franklin Lawrence Sheppard, 1852~1930)가 1915년에 편곡하여 이 찬송의 곡조로 처음 발표하였고, 〈Terra Beata(복된 땅)〉라는 곡명이 붙었다. 이 곡은 영국의 전통적인 선율을 따라 단순하고 경쾌하게 만들어져서 누구나 쉽게 즐길 수 있는 멜로디로 작곡되었다.

찬439

십자가로 가까이

Jesus, Keep Me Near The Cross

모범 연주 QR코드

이 곡은 비교적 길고 굵은 패턴으로 시작하여 점차 짧고 부드러운 패턴으로 이어지고 발전됩니다.
이러한 구성을 통해 십자가로 한 걸음 한 걸음 나아감을 표현하였습니다.

Andante ♪ = 75

W. H. Doane

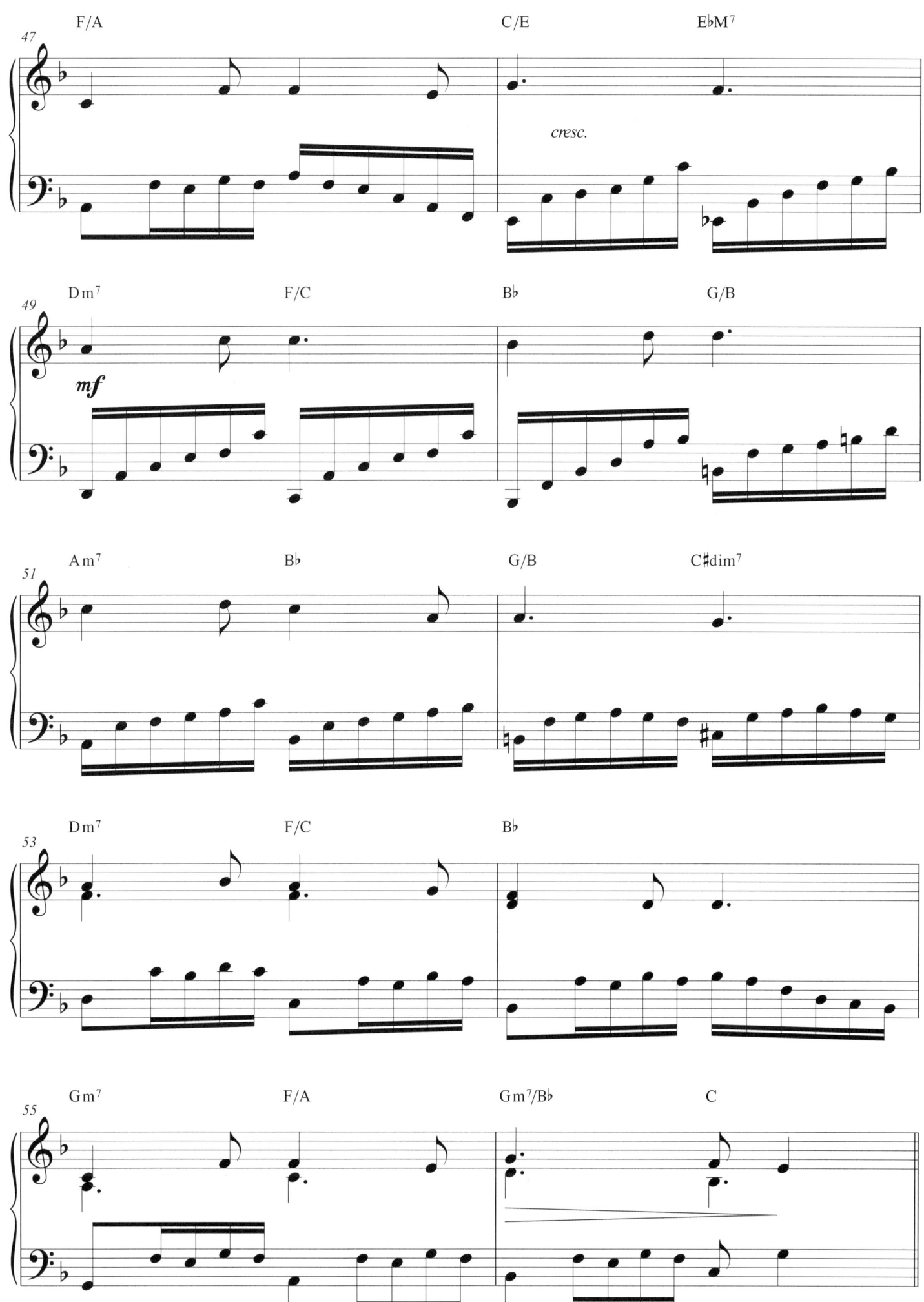

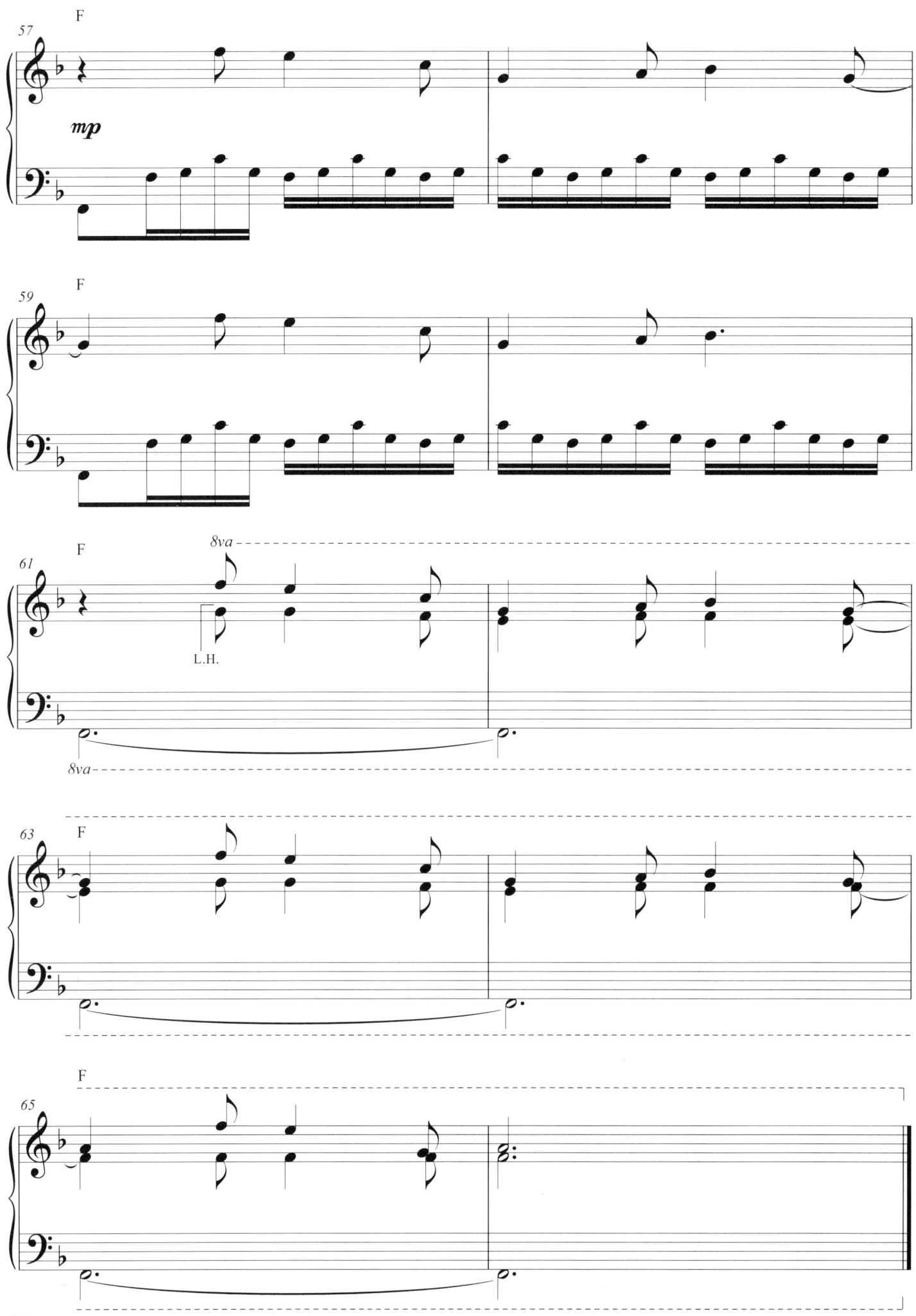

'십자가의 도가 멸망하는 자들에게는 미련한 것이요 (고전 1:18)'

이 찬송의 작사가 페니 크로스비(Fanny Crosby, 1820~1915)는 장애를 가지고 태어났는데 의사의 실수로 6개월 만에 시력마저 잃게 되었다. 그녀는 비뚤어지고 거친 성격의 소유자로 자라갔고 목사님의 설교도 어머니의 신앙교육도 그녀에게는 큰 영향을 끼치지 못했다. 그러던 어느 날 꿈을 꾸게 되었는데 그녀의 선생님이 나타나서 "나를 천국에서 만나주겠니?"라고 물으시는 것이었다. 꿈에서 깬 후 '오늘 내가 죽으면 나는 과연 천국에 갈 수 있을까?'라는 고민이 머릿속에 계속 맴돌았다.

그러던 중 한 집회에 참석하게 되었는데 설교 말씀은 하나도 귀에 들어오지 않았다. 하지만 설교 후 부른 찬양 〈웬말인가 날 위하여〉를 듣고 눈물을 펑펑 쏟았다. 볼품없어 보이고 벌레 같아 보이는 자신을 위해 예수님이 피 흘려 돌아가신 감당할 수 없는 은혜와 사랑을 다시 한 번 깨닫게 되었고, 가사를 들으며 지난날 자신의 잘못을 회개했다. 자신의 삶이 늘 황량하고 희망 없다고 생각했지만, 하나님은 언제나 따뜻한 손길로 인도하신다는 것을 느끼는 순간이었다. 그 후 그녀는 장애로 인한 고통과 불편 등 모든 것들을 극복하였다.

누군가 "시각 장애인으로 태어난 것이 원망스럽지는 않나요?"라는 물음에 "맨 처음 눈을 떴을 때 보게 될 얼굴이 예수님의 얼굴이기 때문에 나는 행복합니다."라고 대답한 그녀는 장애를 신앙으로 극복해 나갔다. 그녀는 세상에 있는 내 영혼이 하늘의 영광을 누린다고 찬송하고 고백하며 평생 감사와 기쁨의 찬양을 올려드리며 살아갔다.

1868년 어느 날 윌리엄 하워드 돈(William Howard Doane, 1832~1915)이 찾아와 곡을 하나 썼는데 찬송시를 써서 가사를 붙여줄 수 있냐고 요청했다. 그녀는 하워든 돈에게 곡을 연주해 달라고 부탁한 후 연주를 들으며 무릎을 꿇고 기도하면서 하나님께 영감을 구하기 시작했다. 그리고 기도가 끝난 후 찬송시를 써내려갔는데 순식간에 알맞은 찬송시가 탄생했다. 〈십자가로 가까이〉가 그렇게 탄생하게 되었다. 곡명은 〈Near The Cross〉인데 같은 곡조에 한국어 가사를 붙여서 편찬한 곡이 우리말로 작사한 최초의 찬송인 〈예수 나를 위하여〉이다.

주의 음성을 내가 들으니
I Am Thine, O Lord, I Have Heard Thy Voice

이 곡은 하나님의 음성을 표현한 것입니다.
때로는 속삭이듯이, 때로는 강렬하게 말씀하시는 하나님의 음성을 다이내믹을 통해 표현하였고,
늘 우리에게 말씀하시는 하나님의 음성을 연속적인 셋잇단음표 패턴을 모티브 삼아 표현하였습니다.

W. H. Doane

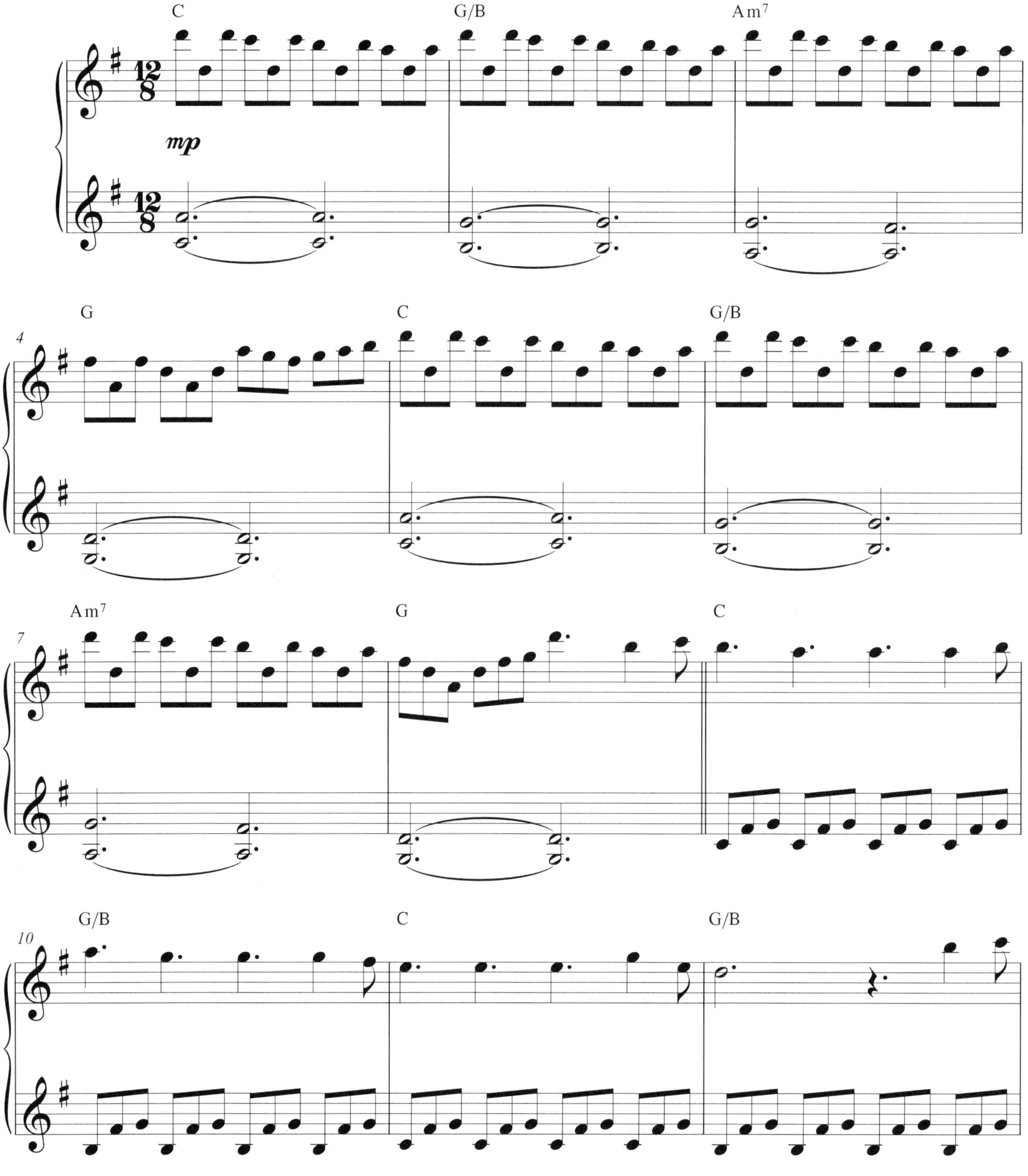

'온전한 믿음으로 하나님께 나아가자 [히 10:22]'

이 찬송은 〈십자가로 가까이〉 외에도 여러 곡을 함께 묵상하고 찬송을 만들었던 크로스비(Fanny Crosby, 1820~1915)와 하워드 돈(William Howard Doane, 1832~1915)의 많은 찬송 중 하나로 크로스비가 돈의 집을 방문하며 함께 교제하고 하나님과 가까이 살아가는 것에 대한 고민을 나누던 중 시상이 떠올라 적어놓은 것이다. 히브리서를 묵상하던 중 10장 22절을 읽으며 '너는 내 것이라'라고 부르는 하나님의 음성을 듣게 되었고, 자신이 하나님의 소유임을 고백하며 '더 가까이 이끄소서'라는 제목의 글로 써내려갔다. 그 시에 하워드 돈이 곡조를 붙여 이 찬송이 탄생하게 되었다.

이 곡명은 첫 가사를 따서 〈I Am Thine(나는 주의 것)〉이다. 하나님과 가까이 살아가는 것, 십자가로 가까이 나아가는 것에 깊이 고민하던 두 사람의 깨달음과 진심이 그대로 녹아있는 이 찬송은 〈십자가로 가까이〉처럼 묵직하고 진한 시상을 준다. 하나님의 임재를 지극히 갈망했던 두 사람의 신앙과 마음의 깊은 고백이 담겨있다. 이 곡 외에도 우리나라 찬송가에 크로스비가 지은 찬송이 약 21편정도 실려 있다. 크로스비는 생전에 약 8천편의 찬송시를 썼다고 한다.

우리가 하나님을 선택한 것이 아니라 하나님이 먼저 우리를 선택하셨다는 것을 늘 기억하고 우리의 모든 것이 하나님의 소유임을 인정해야 한다. 이 찬송을 통해 하나님과 가까이 있을 수 있기를 간절히 바라는 마음으로 찬양하기를 바란다.

찬542

구주 예수 의지함이
'Tis So Sweet To Trust In Jesus

모범 연주 QR코드

이 곡의 모티브는 후렴구의 '예수 예수' 부분을 패턴화시킨 반복하여 움직이는 음형입니다.
이 모티브 패턴은 곡의 전반에 걸쳐 등장하며 신실하신 하나님의 성품을 묘사합니다.

Calmly ♩ = 60

W. J Kirkpatrick

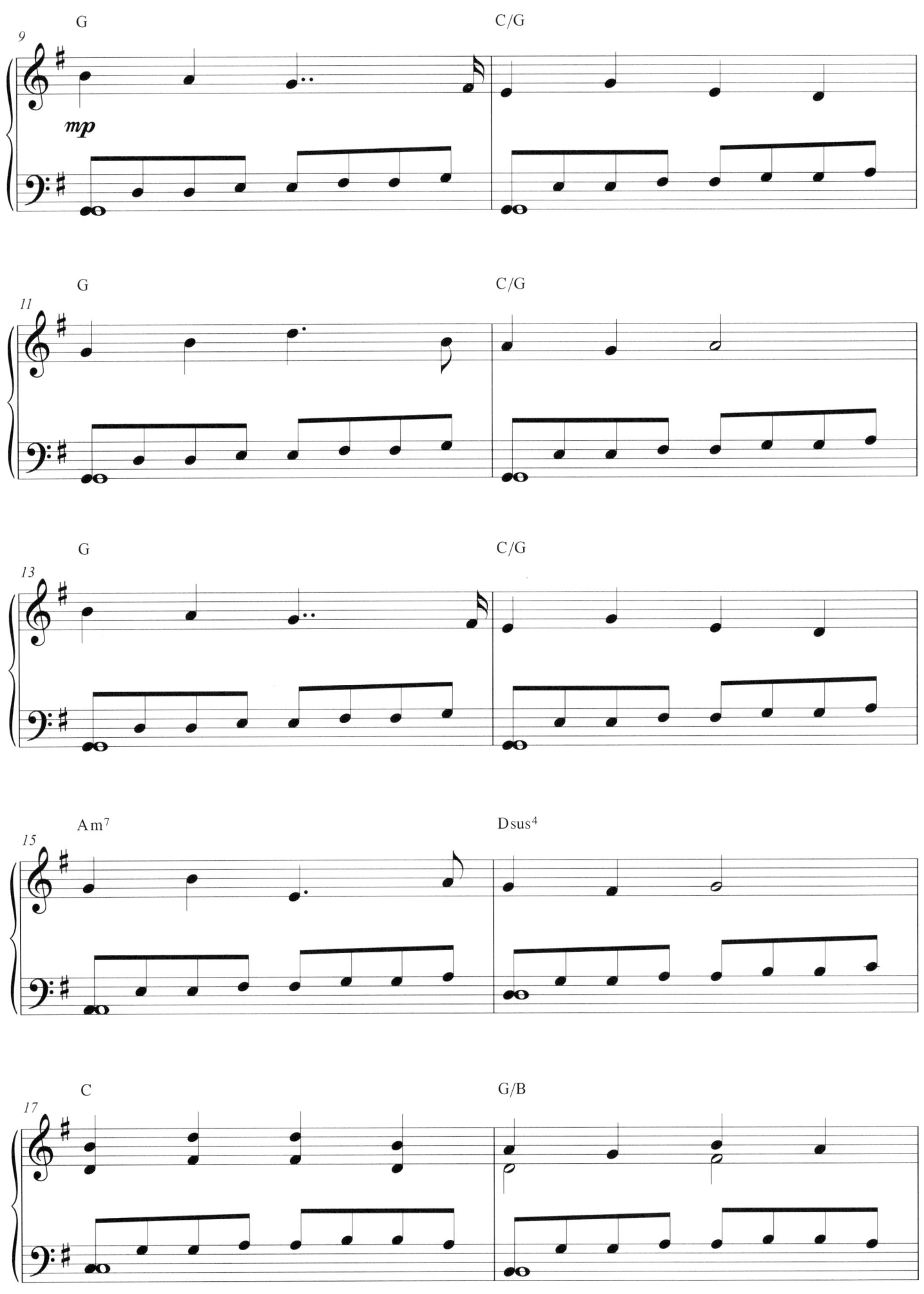

'내가 주의 말씀을 의지함이니이다 [시 119:42]'

작사가 루이자 스테드(Louisa M. R. Stead, 1850~1917)는 영국에서 태어나 어렸을 때 예수님을 영접하였다. 건강이 좋지 않아 서원했던 선교사의 꿈을 포기했지만 사랑하는 남편과 예쁜 딸 릴리와 함께 행복한 가정을 꾸리고 살아갔다. 1879년 어느 휴일, 세 가족은 뉴욕 롱아일랜드의 바닷가로 휴가를 떠났다. 즐거운 시간을 한참 보내고 있을 때쯤 구조 요청 소리가 들렸다. 한 소년이 바다에 빠져서 허우적대고 있는 것이었다. 스테드의 남편은 한 치의 고민도 없이 소년을 구하기 위해 바다에 뛰어들었지만 소년과 남편은 가족의 품으로 돌아올 수 없었다.

남편을 잃은 그녀는 실의에 빠졌고 우울한 나날을 보내고 있었다. 스테드는 원망과 함께 하나님의 위로를 간절히 바라며 기도했다. 그때 하나님이 "나 외에 네게 기쁨이 될 수 있는 것은 그 무엇도 없다."라고 말씀하시는 것 같았다. 남편을 잃은 것은 너무 큰 고통이었지만 그 고통에서 꺼내주신 하나님의 사랑과 그에 대한 기쁨이 그녀를 다시 일어서게 하였다.

하나님의 사랑과 섭리를 경험한 그녀는 세상 그 어떤 것보다 그 누구보다 하나님을 기뻐하기로 결심하였다. 그리고 고통스러운 슬픔도 선하신 섭리로 하늘 소망을 바라보게 하시는 하나님께 자신을 온전히 맡기고 살아가며 〈구주 예수 의지함이〉를 쓰게 되었다.

이후 그녀는 선교사의 꿈을 이루게 되었다. 복음을 접할 기회가 없는 아프리카 땅으로 들어가 27년간 선교 생활을 한 후 하나님의 부르심을 받았다. 그녀를 따라 딸 릴리도 복음을 접할 기회가 없는 땅으로 들어가 하나님의 말씀을 전하는 삶을 살았다.

Advanced

찬314

내 구주 예수를 더욱 사랑
More Love To Thee, O Christ

삶의 끝 날까지 주어진 모든 것을 다하여 하나님을 사랑하고자 하는 간절한 찬송가의 뜻을 담아 끊임없이 이어지는
16분음표 패턴을 사용하여 곡을 구성하였습니다. 끊임없는 16분음표 패턴에 멜로디가 얹어져 동행하듯이.
우리의 삶에도 하나님이 늘 동행하심을 묵상하며 연주하길 바랍니다.

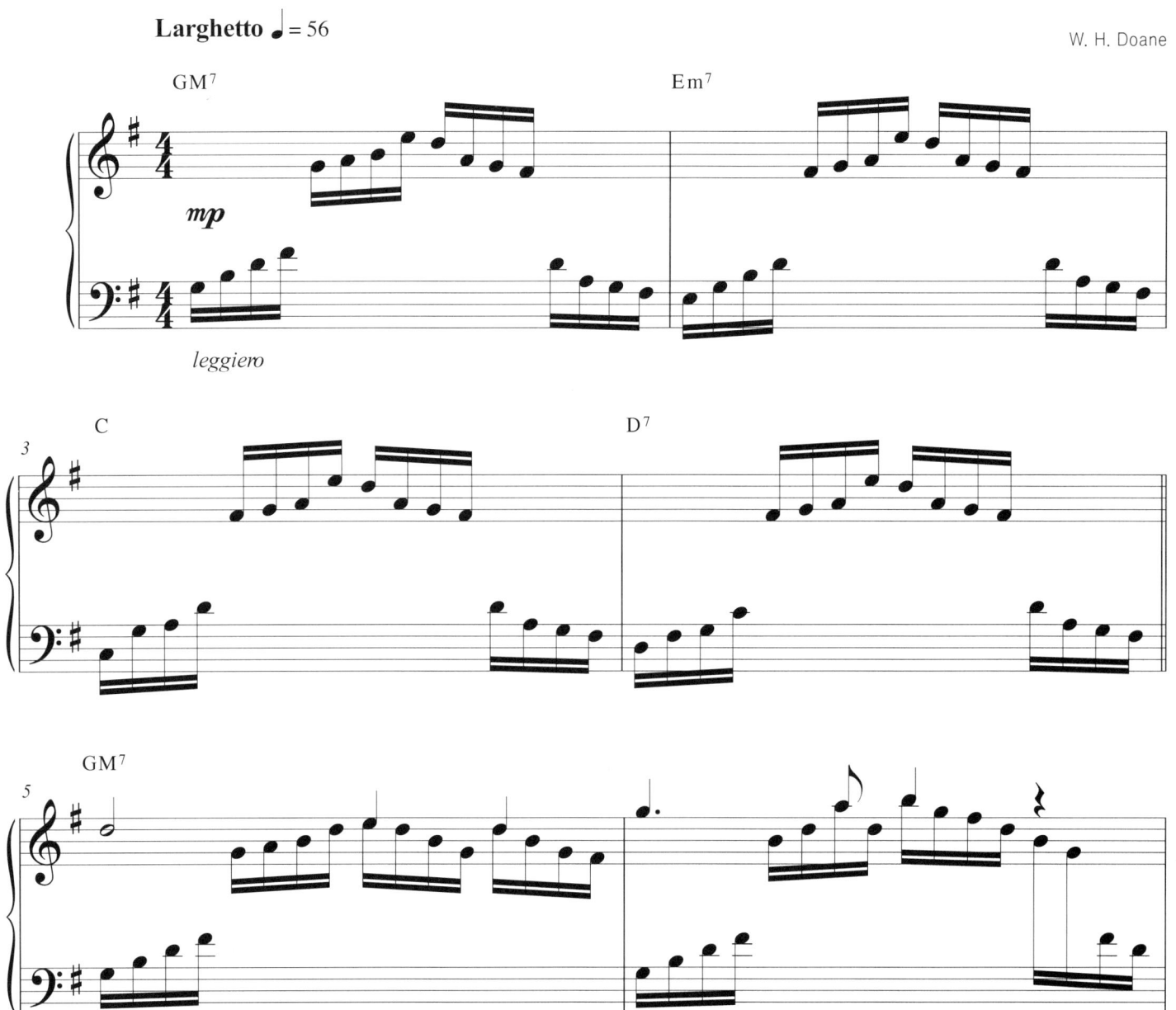

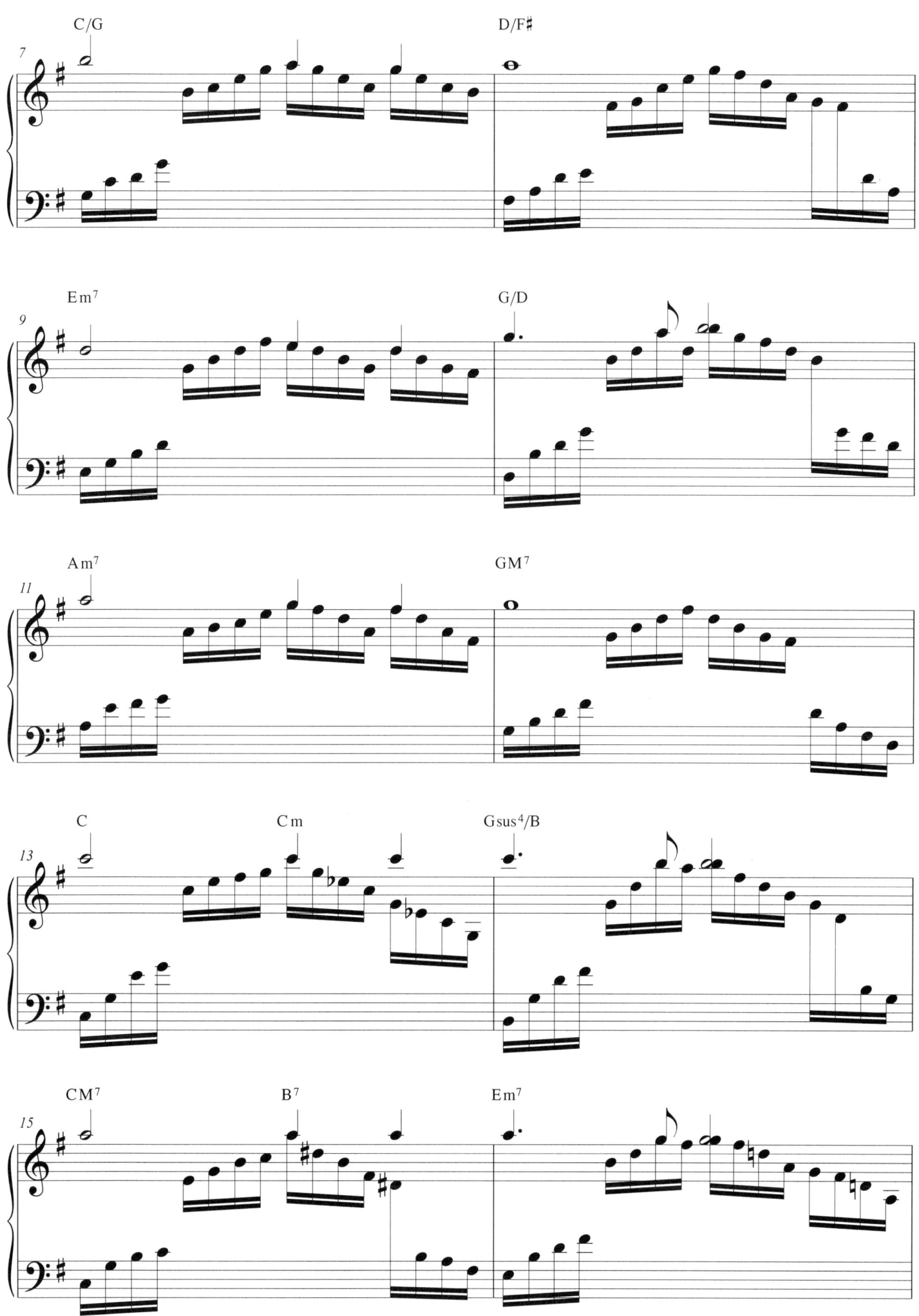

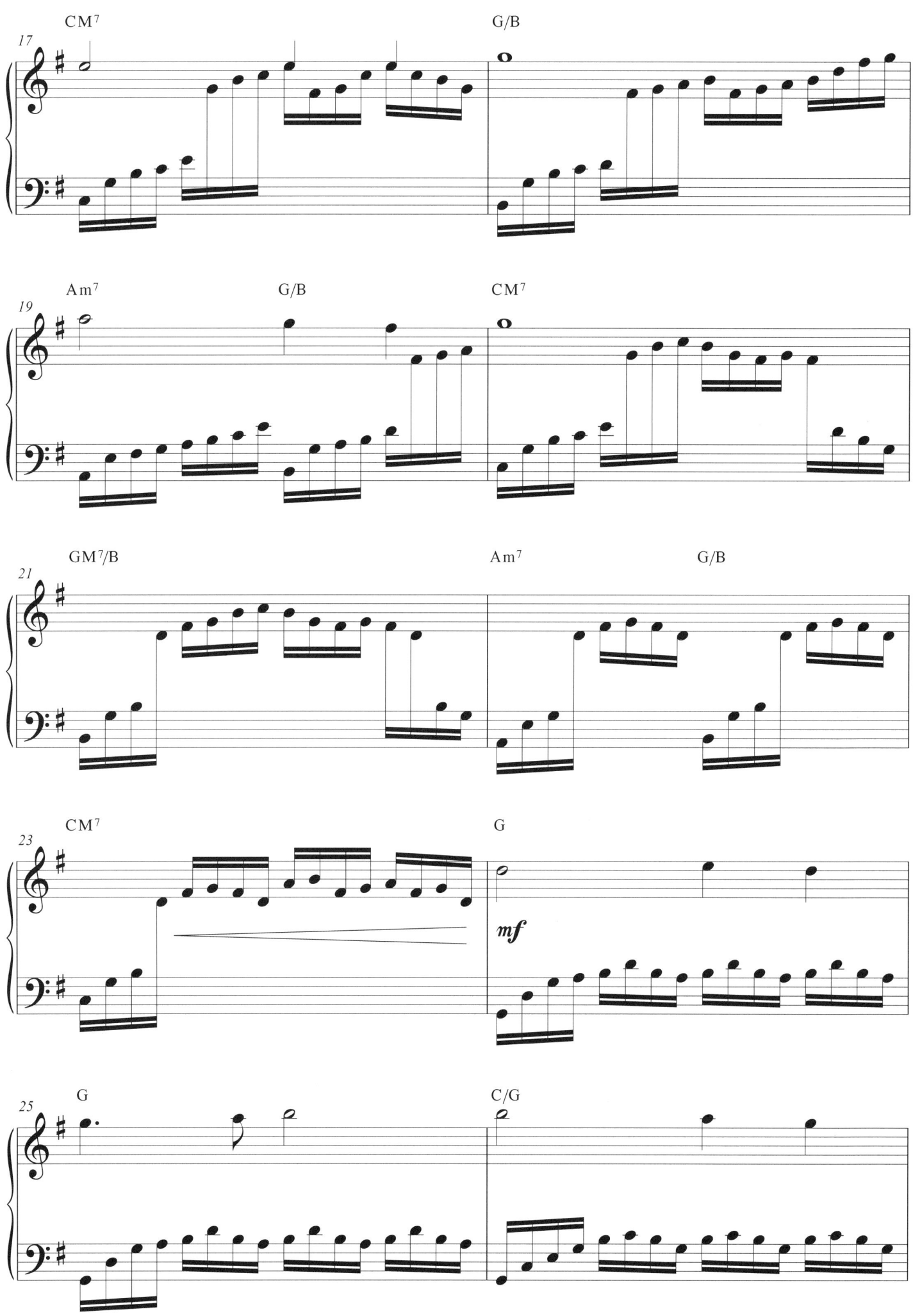

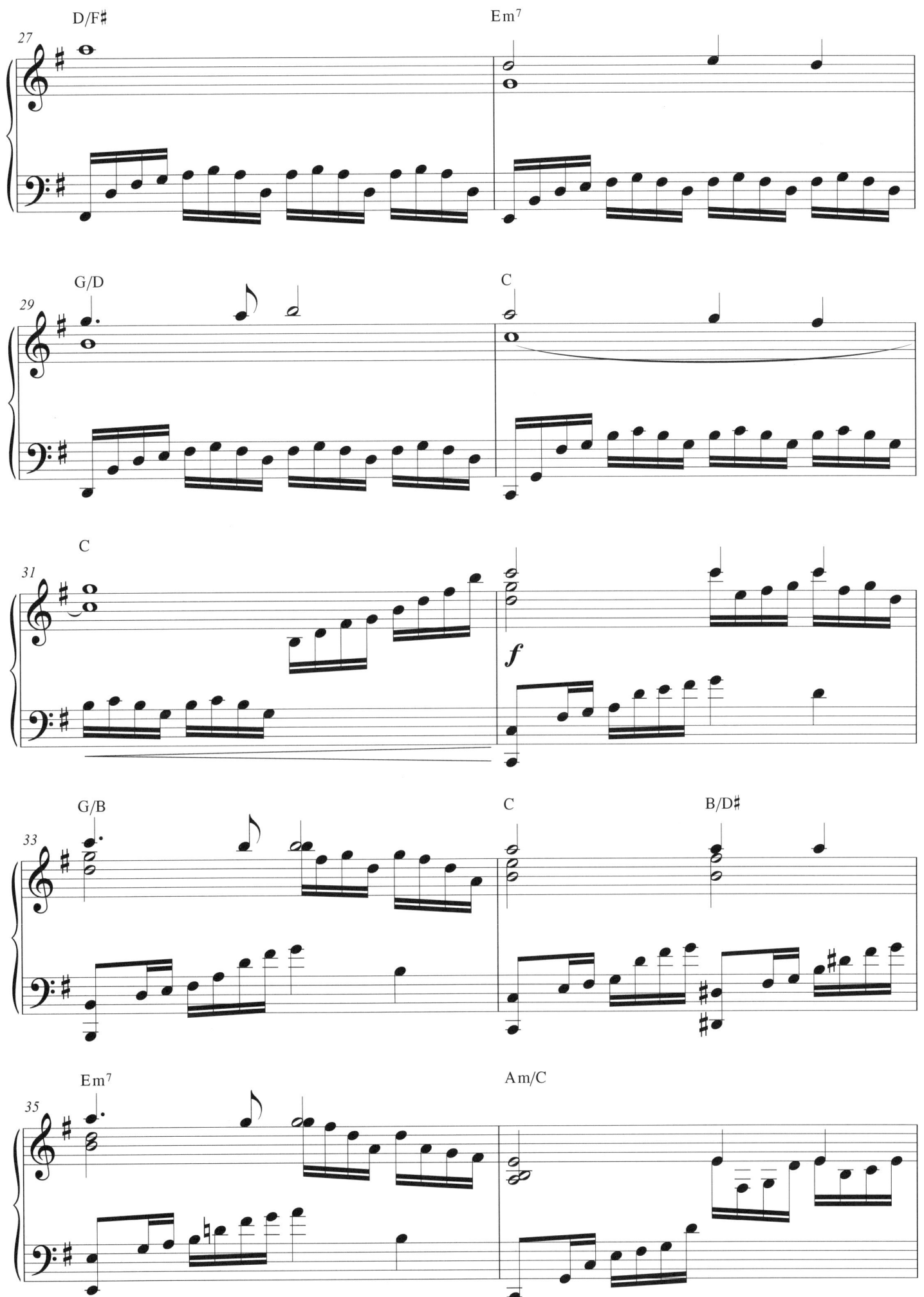

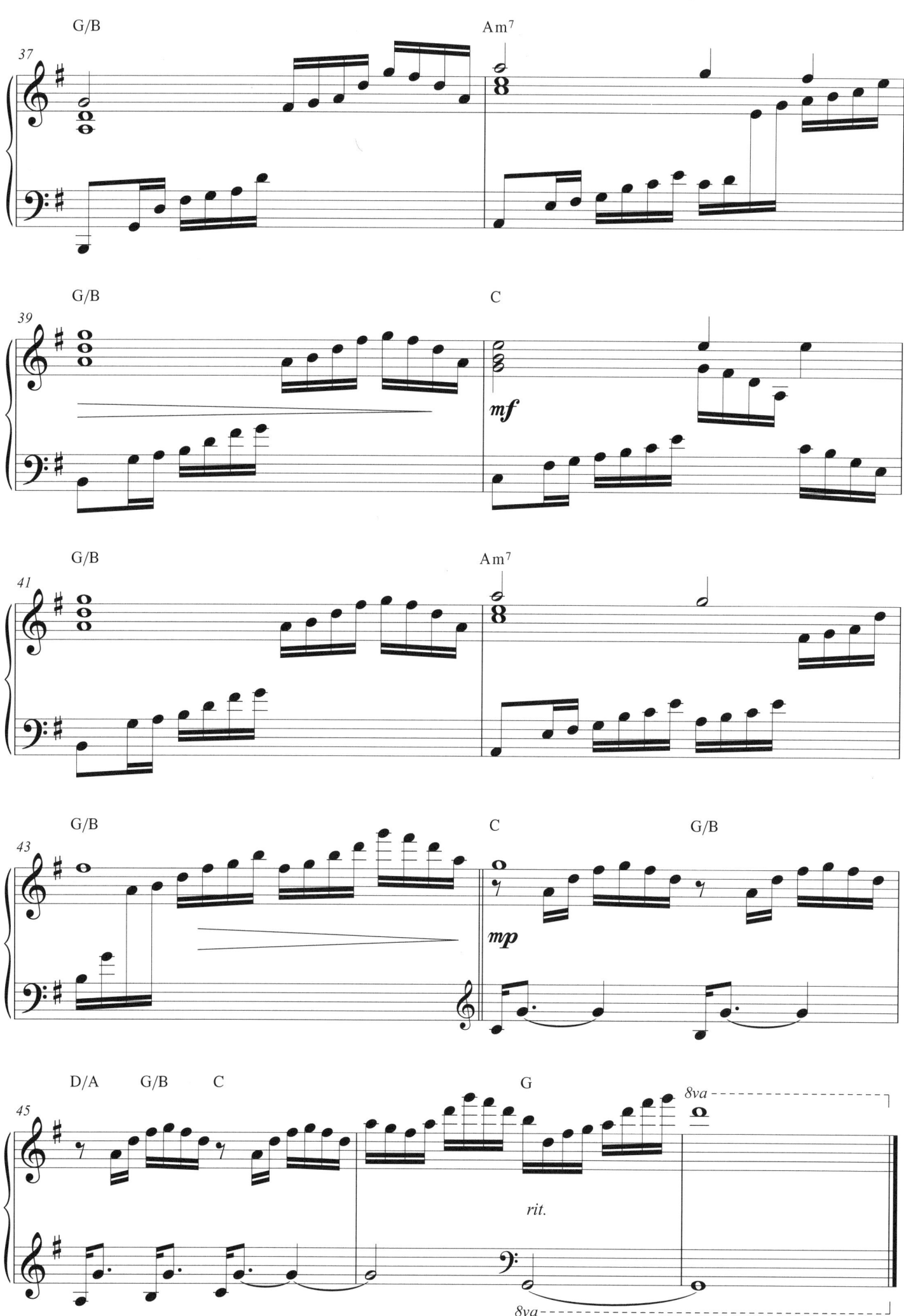

'네 마음을 다하고 목숨을 다하고 뜻을 다하여
주 너의 하나님을 사랑하라 (마 22:37)'

작사가 엘리자베스 프렌티스(Elizabeth Payson Prentiss, 1818~1878)는 교양 있고 신실한 가정에서 자랐다. 여러 도시에서 교사로 활동하며 많은 책을 집필하였고 27세에 프렌티스 목사를 만나 행복한 가정을 꾸렸다. 행복한 삶을 이어가던 중 1856년 전염병이 유행하며 두 아이를 병으로 잃게 되고 그녀는 충격으로 인해 모든 희망을 잃어버리고 망연자실했다. 하나님의 뜻을 이해하기가 너무 어려웠던 그녀는 눈물과 기도로 호소하였다.

남편 조지 프렌티스(George Lewis Prentiss, 1816~1903)는 아내를 위해 기도하며 "지금 많은 가정이 우리처럼 아이를 잃고 슬퍼하고 있어요. 이럴 때에 우리는 신앙인으로서 말씀을 실천할 때인 것 같습니다. 아브라함 같은 믿음을 가지고 더욱 하나님만을 의지합시다. 우리 아이들은 더욱 좋은 곳에서 주님과 함께 있을거예요."라고 신앙에 찬 위로를 건넸다.

남편의 믿음이 그녀에게 진심으로 다가왔고, 하나님의 구원과 사랑을 다시 한번 깨닫게 되었다. 그리고, 우리를 위해 죽기까지 고난당하신 예수님을 기억하며 그 사랑을 전해야겠다는 마음을 가졌다. 하나님에 대한 원망이 사랑으로 변하여 더욱 진하게 다가오는 순간이었다. 그때 그녀는 다가오는 영감을 시로 써내려갔다. 그 시가 바로 이 찬송의 가사인 '내 구주 예수를 더욱 사랑 (More Love to Thee, O Christ)'이다.

하지만 2절까지만 쓰고 더 이상 생각이 떠오르지 않아 펜을 내려놓고 시간이 흘렀다. 13년 후 프렌티스 부인은 문서들을 정리하다 이 시를 발견하게 되었고 그녀는 다시 13년 전의 기억을 떠올리는 게 괴로웠지만, 다시금 주님의 사랑을 물밀 듯 경험하며 마저 완성하게 되었다. 이 찬송은 견딜 수 없는 고통을 말씀으로 극복한 후 하나님의 사랑을 더욱 깊게 느낄 수 있게 된 것을 표현하고 있다.

내 평생에 가는 길

When Peace, Like A River, Attendeth My Way

모범 연주 QR코드

잔잔하지만 끝없이 넓은 바다의 물결을 묘사한 연속적인 16분음표 음형으로 구성하였습니다.
연주를 통해 고통 속에서도 바다 같은 평안을 허락하시는 하나님의 은혜를 묵상해보길 바랍니다.

Andante ♩ = 66

P. P. Bliss

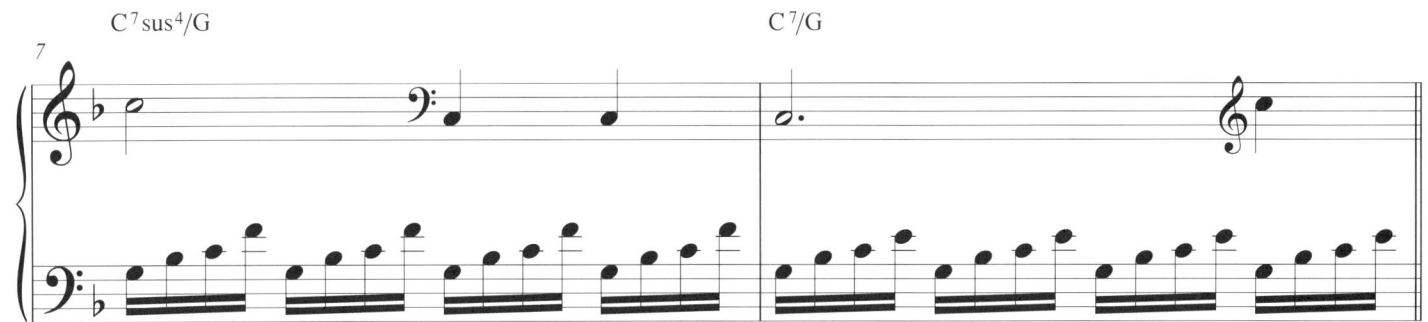

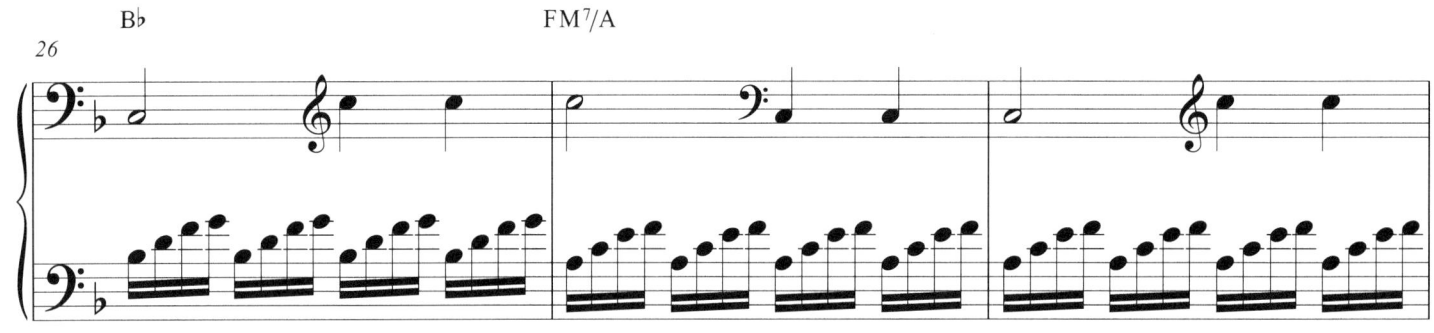
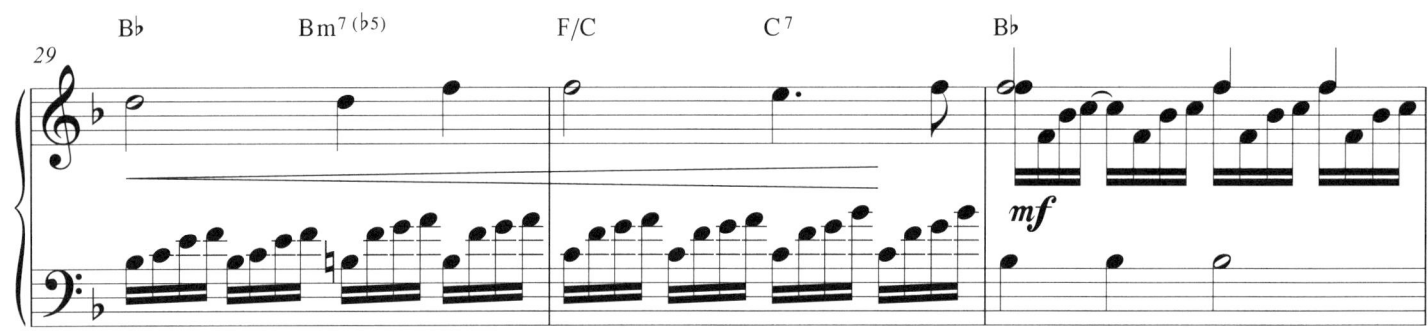
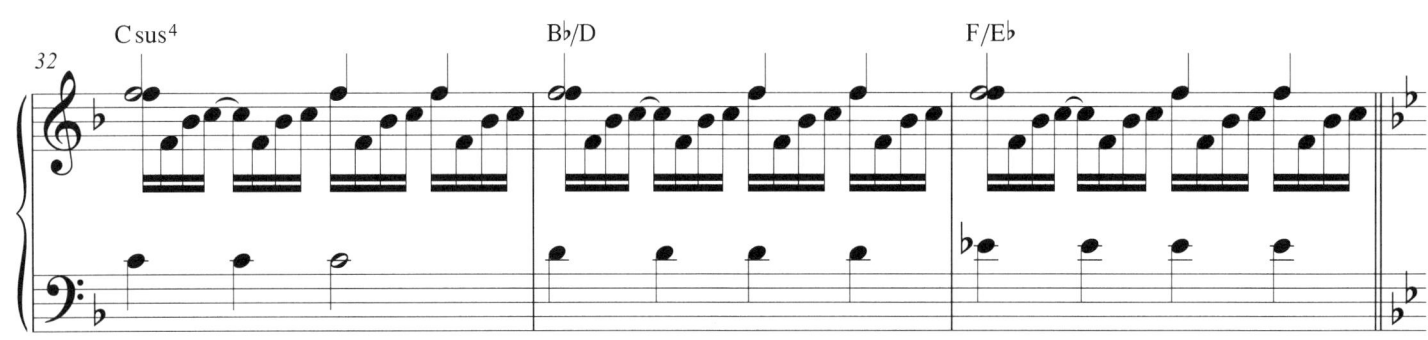
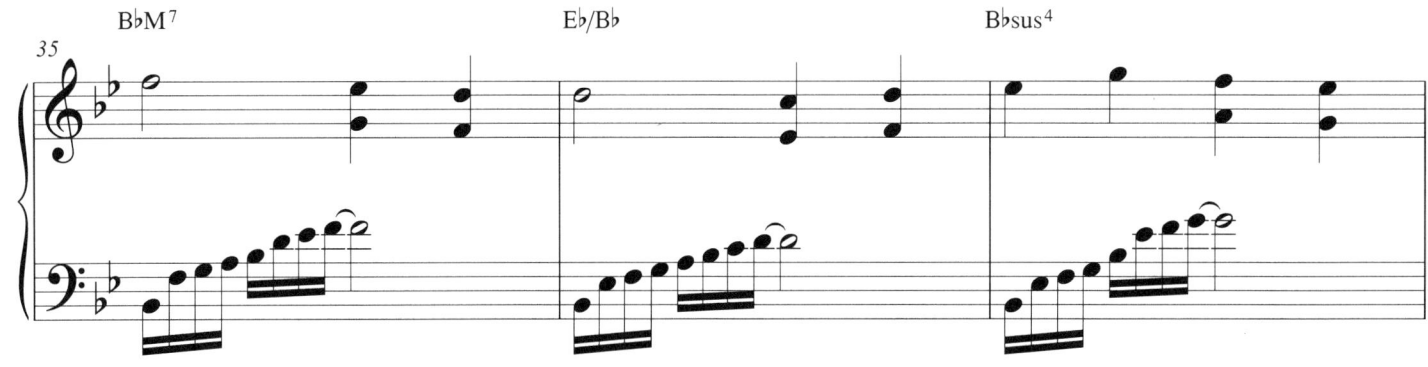

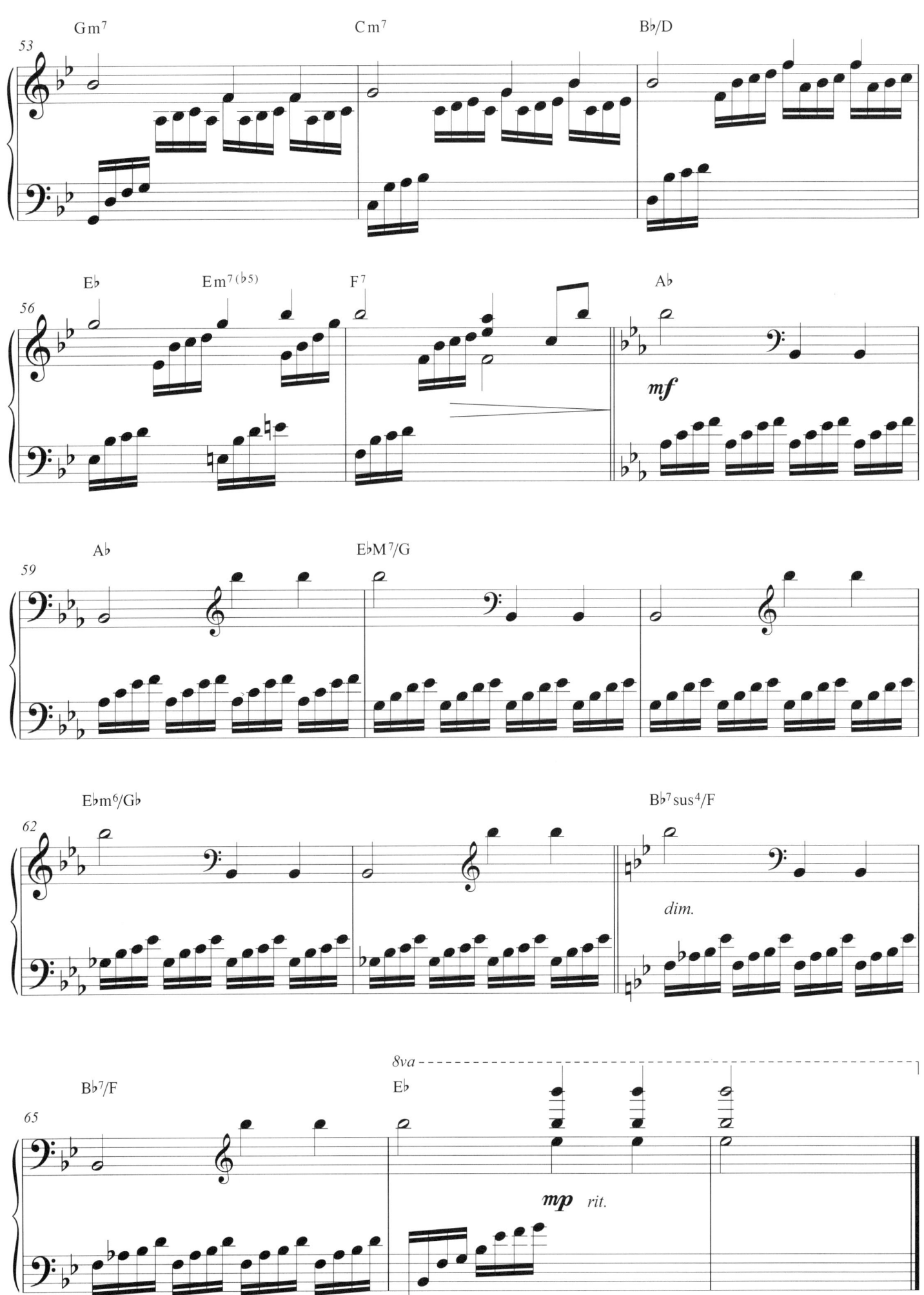

'내 평생에 선하심과 인자하심이 반드시 나를 따르리니 [시 23:6]'

작사가 호레시오 스패포드(Horatio Gates Spafford, 1828~1888)는 교회 안팎에서 열심히 봉사하는 신앙인이었고 부유하고 성공적인 삶을 살아가는 사람이었다. 1871년 시카고 대화재가 일어나면서 그와 이웃들이 많은 것을 잃게 되는 비극이 일어났다. 그런 와중에도 최선을 다해 발 벗고 구제하고 헌신하며 이웃을 도왔지만 엎친 데 덮친 격으로 급성 전염병와 피부 질환으로 인해 다섯 명의 자녀 중 첫째 아들을 잃게 되었고, 그로 인해 그의 가족에게는 슬픔의 그림자가 드리워지기 시작했다. 그와 그의 아내는 정신과 육신이 매우 쇠약해졌고, 결국 육체와 영적인 쉼을 위해 영국으로 가기로 결정했다.

그렇게 프랑스의 여객선에 몸을 싣고 출항하기 몇 분 전, 스패포드에게 급한 일이 생겨 가족들만 먼저 떠나게 되었다. 그러나 떠난 지 얼마 되지 않아 가족들이 탄 여객선이 사고로 침몰하게 되었고, 아내만 살아남고 네 딸은 모두 물에 잠기게 되었다. 한 달 후 영국으로 향하는 배에 몸을 싣게 된 그는 당시 사고지점에 다다랐을 때 차가운 대서양을 바라보며 깊은 곳에 잠들었을 아이들을 떠올리며 괴로운 마음에 울부짖었다.

한참을 울부짖고 있을 때 험했던 파도가 잔잔해지는 광경을 보며 말씀이 생각났고, 그의 마음속 깊은 곳에서 말로 표현할 수 없는 평안과 하나님을 향한 신뢰가 샘솟았다. 평생 경험해 보지 못했던 평안이 그의 입술로 고백되는 순간이었다. 슬픔을 넘어서는 평안을 경험한 그는 곧장 선실로 내려와 펜을 잡고 시를 써내려갔다. 이 찬송에서는 어떠한 상황이 닥쳐와도 하나님의 섭리와 구원을 믿을 때 진정한 평안을 누린다고 찬양하고 있다. 우리는 늘 불안한 존재이지만 무한하시고 신실하신 하나님을 의지하고 그 품에 안길 때 진정한 평안을 누릴 수 있다.

찬338

내 주를 가까이 하게 함은
Nearer, My God, To Thee

모범 연주 QR코드

곡의 초반에는 다소 어두운 코드톤을 꾸준한 패턴으로 그려내며 고난 속에서도 하나님 앞으로 나아가는 모습을 묘사하였고,
이후 발전과 전조를 통해 어둡던 분위기에 생동감이 더해지며 결과적으로 승리를 표현하는 힘찬 패턴으로 발전합니다.
이러한 변화에 귀 기울이며 연주해보길 바랍니다.

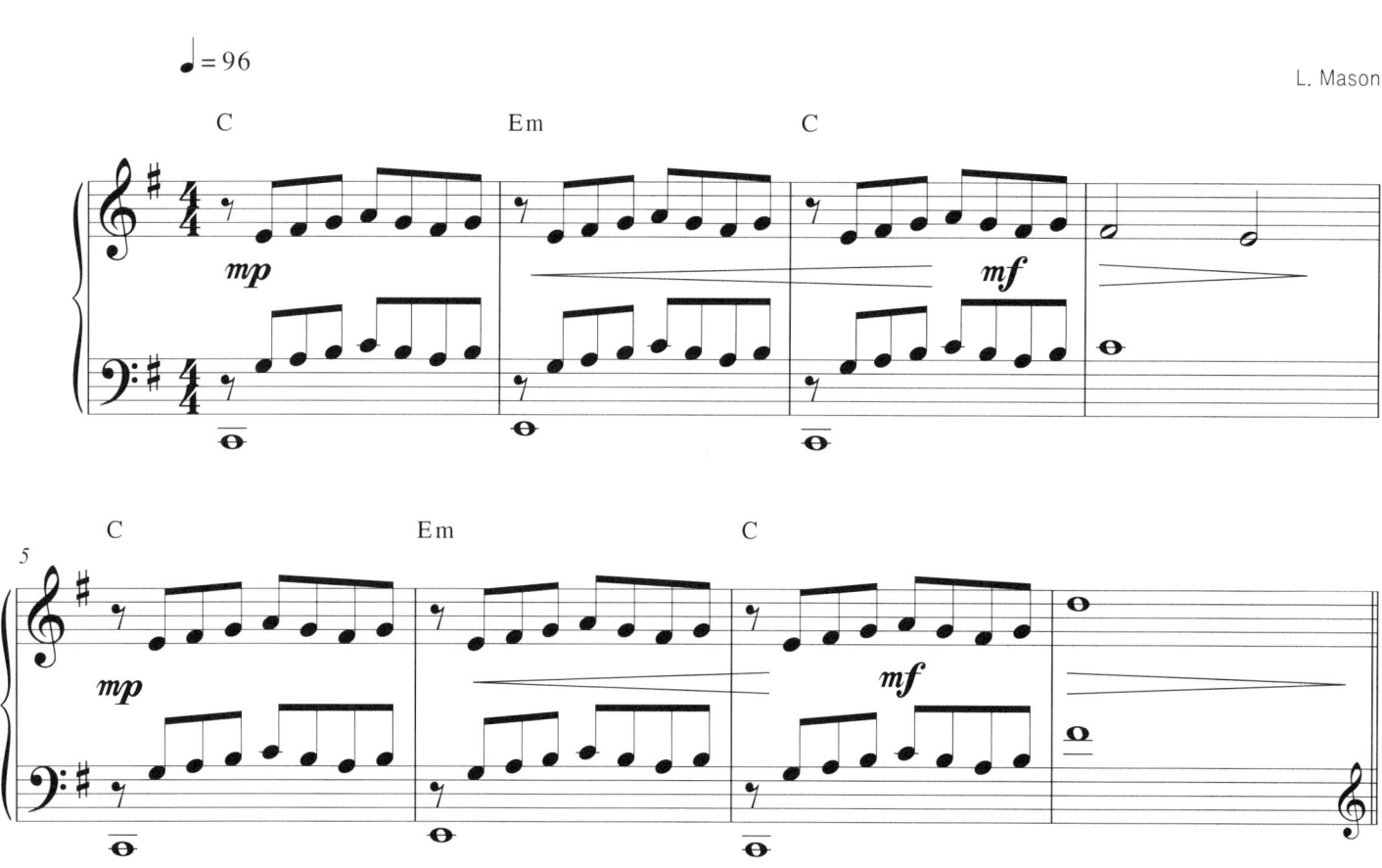

L. Mason

'꿈에 본즉 사닥다리가 땅 위에 섰는데 그 꼭대기가 하늘에 닿았고 [창 28:12]'

작사가 사라 풀러 아담즈(Sarah Fuller Adams, 1805~1848)는 어렸을 때부터 글재주가 좋아 많은 시를 남기며 교회에서 발간하는 월간지에 찬송시를 발표하곤 했다. 아름다운 미모를 가졌던 그녀는 연극에 대한 열정으로 배우의 길을 걷게 되었고 많은 호평을 받았지만 폐결핵으로 일찍 은퇴하게 되어 배우 인생은 그리 길지 못했다. 바쁘게 지내던 삶에서 모든 걸 내려놓을 수밖에 없는 비관적인 상황에서도 다행이었던 것은 그녀의 마음에 아름다운 시들이 살아있는 것이었다. 그래서 다시 시를 쓰는 데에 집중하기 시작했다.

이 찬송시는 그녀가 배우의 길을 은퇴한 어느 날 창세기 말씀을 읽다가 야곱의 이야기에 감동을 받아 짓게 된 시이다. 목숨을 걸고 도망 다니던 야곱이 꿈을 통해 하나님의 약속을 보게 되었고, 잠에서 깨어 그곳에 제단을 쌓았던 이야기를 읽으며 망가진 자신의 삶과 비슷하다고 생각했기 때문이다. 질병으로 육신은 망가지고 세상의 꿈은 사라졌지만, 세상과는 비교할 수 없는 완전한 행복을 주시는 하나님을 바라보게 되었고, 야곱이 절망 중에 오직 하나님만 의지했던 것처럼 자신도 야곱처럼 되길 원하며 이 가사를 쓰게 되었다고 고백하였다.

이 찬송에 얽힌 일화들이 많이 있는데, 미국의 대통령이었던 윌리엄 매킨리(William McKinley, 1843~1901)는 평소 이 찬양을 즐겨 불렀고 임종 때도 이 찬양을 부르며 하늘나라로 떠났다고 한다. 우리가 잘 아는 대서양에서 침몰한 타이타닉 호에서도 이 찬양은 1600여 명이 생애 마지막 순간에 함께 부른 찬양으로 유명하다. 당시 지휘자 하틀리(Wallace Hartley, 1878~1912)는 배가 기울어지는 순간에도 담담히 이 곡을 지휘하기 시작했고, 사람들은 이 노래를 부르며 엄숙하게 죽음을 맞이하며 하나님을 찬양하며 물속으로 잠겼다고 한다.

찬550

모범 연주 QR코드

시온의 영광이 빛나는 아침
Hail To The Brightness of Zion's Glad Morning

이 곡의 모티브는 새벽녘의 푸르스름한 청량함과 쌀쌀함, 그 오묘한 중립적 느낌을 표현한 '2도 음정'입니다.
이 모티브는 화성·선율·패턴적으로 변형되며 음악을 발전시켜 나갑니다.
곡의 전반에 걸쳐 나타나는 모티브의 다양한 변화와 발전 그리고 편곡의 구성을 느끼며 연주해보길 바랍니다.

With Emotion ♩ = 72

L. Mason

'여호와의 영광이 네 위에 임하였음이니라 [사 60:1]'

'시온'은 사전에 '예루살렘 성지의 언덕'이라고 기록되어 있다. 다윗은 시온을 수도로 삼고 법궤를 이곳으로 옮겨 정치·종교적인 중심지로 삼았다. 후에 다윗의 아들인 솔로몬이 하나님의 성전과 거대한 궁전을 건설하여 유대 민족의 생활과 신앙의 중심지로 번영시켰다. 그 후 시온은 예루살렘뿐만 아니라 전 이스라엘을 상징하는 곳이 되었고, 신약성서에서는 시온을 '하늘에 계신 하나님의 도성'의 상징적인 용어로 사용된다.

작사가인 토마스 헤이스팅즈(Thomas Hastings, 1784~1872)는 가난한 시골 의사의 아들로 태어났다. 최종 학력은 초등학교 밖에 되지 않았고 매일 심한 피부병과 지독한 근시로 고생하며 지냈다. 하지만 그에게는 두 가지 강한 열정이 있었는데 하나는 음악이고, 하나는 교회에서 봉사하는 것이었다. 어려운 상황에서도 독학으로 음악을 공부한 그는 노력의 결실로 교회 성가대 지휘자의 자리에 서게 되었고, 그 날을 계기로 하나님께 일생을 온전히 바치기로 결심하며 음악으로 하나님께 영광 돌리는 것을 목표로 삼고 살아갔다.

47세가 되던 해에 시력은 더욱 안 좋아져 빛이 있는 낮에는 어느 정도 사물을 분간할 수 있었지만, 밤에는 눈을 감고 기도하는 것 외에는 하기 힘든 상황에 이르렀다. 그러나 밤마다 눈을 감고 기도하며 눈에는 보이지 않지만 가장 중요한 것을 깨닫게 되었다. 사물을 볼 수 있도록 세상을 비춰주는 햇빛이 있듯이 어둠의 길에서 헤매고 있는 영혼들에게 빛을 줄 수 있는 분이 오직 빛 되신 하나님 한 분이시라는 것을 더욱 깨닫게 되었고, 구원의 빛으로 오신 예수님을 다시금 깊이 깨닫고 찬양하게 되었다. 이사야 60장 1절을 묵상하며 로웰 메이슨(Lowell Mason, 1792~1872)이 주었던 곡에 가사를 붙여 이 찬송이 탄생하게 되었다.

특별히 눈물, 한숨, 질병, 고통, 죽음으로 뒤범벅이 된 세상을 살고 있는 우리들에게 시온의 영광이 회복되듯 주님의 교회와 백성들이 회복되어 온 땅위에 하나님의 영광이 드러나기를 원하는 마음이 이 찬송에 잘 담겨있다.

편저자 문하은

침례신학대학교 교회음악과 피아노전공 학사 졸업
서울장신대학교 예배찬양사역대학원 건반전공 석사 졸업

Youtube   https://www.youtube.com/c/MoonHaEun
Facebook https://www.facebook.com/Moonhaeun

예배를 위한
전주곡

발행일 2019년 10월 15일
편저 문하은

편집책임 윤영란 · **디자인** 김세린
마케팅 현석호, 신창식 · **관리** 남영애, 김명희

발행처 스코어
발행인 최우진
출판등록 2012년 6월 7일 제 313-2012-196호
주소 서울시 마포구 동교로13길 34(04003)
전화 02)333-3705 · **팩스** 02)333-3748

ISBN 979-11-5780-250-0-13670

ⓒ2019 SCORE All rights reserved.
스코어는 (주)태림스코어의 실용음악분야 브랜드입니다.

이 책의 무단 전재와 복제를 금합니다. 파본은 구입하신 곳에서 교환해 드립니다.